CURSO COMPLETO DE
INGLÉS
NIVEL BÁSICO

James M. Minor, M.A.,
Naugatuck Valley Community College

Ana M. Yepes, M.A.T.,
Sacred Heart University

Redactado por Zvjezdana Vrzić, Ph.D.

Published in the United States by Living Language, an imprint of Random House, Inc.

www.livinglanguage.com

Editor: Zvjezdana Vrzić, Ph.D.
Production Editor: Lisbeth Dyer
Production Manager: Thomas Marshall
Interior Design: Sophie Ye Chin

First Edition

ISBN: 978-1-4000-2413-1

PRINTED IN THE UNITED STATES OF AMERICA

10 9 8 7 6 5 4 3 2 1

AGRADECIMIENTOS DE LA CASA EDITORA

Gracias para el equipo de Living Language: Tom Russell, Nicole Benhabib, Christopher Warnasch, Zvjezdana Vrzić, Suzanne McQuade, Shaina Malkin, Elham Shabahat, Sophie Chin, Denise DeGennaro, Linda Schmidt, Alison Skrabek, Lisbeth Dyer y Tom Marshall. Gracias especiales para Enrique Montes por revisar el libro.

AGRADECIMIENTOS DE LOS AUTORES

Agadecimientos especiales para los estudiantes hispanoparlantes de la clase de ESL de Jim Minor y para Nora Helena Restrepo, que ofrecieron y dieron valiosa información desde el punto de vista de un estudiante del idioma inglés.

También quisiéramos agradecer a nuestro revisor, Enrique Montes y a nuestra incansable editora Zvjezdana Vrzić, quien ayudó para que este proyecto se convirtiera en una herramienta, esperamos que útil, para el aprendizaje del inglés.

Y finalmente, quisiéramos dar reconocimiento a las contribuciones de nuestra familia y de nuestros amigos que leyeron, escucharon, ofrecieron ideas y nos apoyaron en este proyecto.

I'd like to dedicate this book to my wife, Laura, and children, Abigail and Joseph. Their support, patience, and input have been invaluable—in this work, as well as in my life.

—JAMES M. MINOR

Quisiera dedicar este libro a mis queridos padres, Fabio Yepes y Fanny de Yepes, por su apoyo incondicional y sabios consejos a través de mi vida.

—ANA M. YEPES

ÍNDICE

¡Bienvenido al *Curso Completo de Inglés: Nivel Básico*! Sabemos que usted está listo para empezar a aprender inglés, pero antes de empezar, es bueno que se familiarice con la estructura de este curso. Esto le facilitará el entendimiento del curso y podrá sacarle el mayor provecho.

LAS UNIDADES Y LECCIONES

Este curso está compuesto de diez unidades, cada una con su propio tema. Temas como: hablar de usted mismo, presentár ante alguien, pedir direcciones y salir de compras. Cada unidad está dividida en cuatro lecciones:

- *palabras:* Se presenta el vocabulario esencial, basado en el tema de la unidad.

- *frases:* Se juntan las palabras en estructuras más complejas, y se presentan algunas expresiones idiomáticas.

- *oraciones:* Se amplian el vocabulario y las frases de las lecciones previas, utilizando la grámatica aprendida para formar oraciones completas.

- *conversaciones:* Resalta cómo funciona todo junto en un diálogo de una conversación real.

Las lecciones están formadas por las siguientes secciones:

LISTA DE PALABRAS/LISTA DE FRASES/LISTA DE ORACIONES/ CONVERSACIÓN

Cada lección empezará con una lista de palabras, frases, o oraciones, o un diálogo (un conversación). La grámatica y los ejercicios estarán basados en estas listas o en los diálogos. Por eso es importante que usted lea y relea estas listas antes de meterse de lleno en la lección.

Notas

Después de la lista o el conversación puede que aparezca una breve sección en la que se explicará alguna complejidad de la lengua o la cultura.

Gramática básica

Esta parte es la esencia de cada lección, donde se explica la gramática de la lengua—la esencia que mantiene la unidad de todos los elementos. Ponga mucha atención a estas secciones. Es aquí donde usted le sacará mayor provecho al idioma y aprenderá lo que necesita para llegar a ser realmente competente en inglés.

Práctica

Es importante practicar periódicamente lo que ha aprendido. Encontrará prácticas a través de cada lección; tómese su tiempo para hacer estos ejercicios antes de continuar a la siguiente lección. De acuerdo a cómo usted haga estas prácticas, podrá determinar si debe repasar cierto punto gramatical antes de continuar.

Sugerencia

Para aumentar su aprendizaje, a lo largo de este curso se ofrecerán varias sugerencias para aprender inglés. Esto podría ser algo como una sugerencia en un punto gramatical específico, vocabulario adicional relacionado con el tema de la lección o una sugerencia para el aprendizaje del idioma en general.

Notas culturales y enlaces de la Internet

Familiarizarse con las culturas de los países de habla inglesa es tan importante como aprender la gramática para el aprendizaje del idioma. Estas secciones le ayudarán a conocer un poco mejor estas culturas a través de información sobre los países de habla inglesa, al igual que con otras informaciones culturales. También hemos incluido algunas direcciones de sitios de la Internet, donde usted podrá aprender más sobre algún país o cultura en particular.

Actividad para descubrir

Las actividades para descubrir son otras formas para que usted utilice su nuevo idioma. Estas actividades requieren que salga al mundo real e interaccione con personas de habla inglesa, o simplemente, que utilice los recursos que tiene en su propia casa y practique su inglés.

Lo esencial de la unidad

Finalmente, la unidad termina con un repaso del vocabulario y frases más esenciales, "lo esencial". Asegúrese de estar familiarizado con estas frases y con su estructura antes de continuar a la siguiente unidad.

Este curso también contiene un resumen de gramática y recursos adicionales de la Internet para ser utilizados como referencia más adelante.

Diccionario para principiantes

Si usted compró este libro como parte del paquete completo con audio, también recibió un diccionario para principiantes, con más de 20.000 palabras, frases y expresiones idiomáticas que se usan con más frecuencia en inglés. Utilícelo como referencia cuando no pueda proseguir y no encuentre las palabras para los ejercicios y las actividades de descubrimiento o como un suplemento auxiliar para estudiar.

Audio

Este curso trabaja mejor si usted utiliza su componente de audio, el cual contiene un vocabulario clave, ejemplos de oraciones y diálogos del curso. Este componente auditivo se puede utilizar con el libro, o simplemente llévelo a donde usted vaya para poder practicar.

¡Y esto es todo! Nivel básico. Para sacarle aun más provecho a este curso, usted puede leer a continuación la sección de sugerencias para el aprendizaje de la lengua. Si se siente seguro de sí mismo y cree que ya sabe todo lo que necesita para empezar y seguir hacia la Unidad 1, puede regresar a esta sección más tarde para buscar sugerencias o aumentar su experiencia de aprendizaje.

Good luck! *¡Buena suerte!*

Si usted no está muy seguro de cómo aprender un nuevo idioma, dedique un momento a leer esta sección, que incluye muchas sugerencias y consejos prácticos que ayudan a aprender idiomas en general. Por ejemplo, cómo mejorar el vocabulario, dominar la gramática, utilizar el audio, hacer los ejercicios y expandir la experiencia de aprendizaje. Todo esto hará su aprendizaje más efectivo y divertido.

SUGERENCIAS EN GENERAL
Empecemos con algunos puntos en general que hay que tener presente durante el aprendizaje de un nuevo idioma.

I. ENCUENTRE SU RITMO
Lo más importante es tener presente que debe proceder a su propio ritmo. No se sienta presionado a pensar que sólo tiene una oportunidad para asimilar la información, antes de continuar hacia el material nuevo. Lea y escuche partes de la lección, o la lección entera, cuantas veces sea necesario hasta que se sienta cómodo con el material. La repetición periódica es la clave para aprender cualquier idioma, así que no tema estudiar el material ¡una y otra vez!

2. TOME APUNTES
Utilice un cuaderno o empiece un diario en el nuevo idioma para tenerlo junto a usted siempre. Cada lección contiene material que usted aprenderá mucho más rápido y efectivamente si lo escribe o lo repasa con sus propias palabras apenas lo haya entendido. Esto incluye el vocabulario, los puntos de gramática y ejemplos, las expresiones de los diálogos y cualquier otra cosa que usted considere que vale la pena. Mantenga los apuntes con usted para repasar cada vez que tenga tiempo: en el autobús o el tren, mientras espera en el aeropuerto, mientras se cocina la cena, o cuando encuentre el tiempo para hacerlo. Recuerde, la práctica

(¡y mucho repaso!) es lo que hace efectivo el aprendizaje de un idioma.

3. Haga un compromiso periódico

Encuentre el tiempo para su nuevo idioma. El concepto de "las horas expuestas" es la clave para el aprendizaje de un idioma. Cuando usted está expuesto a un nuevo idioma frecuentemente, lo aprenderá con más facilidad. Por otra parte, mientras más amplios sean los intervalos entre los períodos de exposición al nuevo idioma, más rápidamente lo olvidará. Lo mejor es que se comprometa a determinado tiempo. Imagínese que se matriculó en una clase que se imparte en determinado momento de la semana, y dedique ese tiempo para estudiar. O utilice su hora del almuerzo. Es mejor pasar menos tiempo varios días de la semana, que mucho tiempo uno o dos días de la semana. En otras palabras, pasar treinta o cuarenta minutos los lunes, martes, miércoles, viernes y domingos es mejor que pasar dos horas y media o tres horas solamente los sábados.

4. No se haga falsas ilusiones

No espere empezar a hablar el nuevo idioma como si fuera su lengua materna. Claro que es muy posible que los adultos puedan aprender un nuevo idioma con increíble fluidez, pero eso no es un objetivo realista para muchas personas. Es mejor que haga un compromiso de llegar a ser "funcional" en el nuevo idioma, y empiece a ponerse objetivos pequeños: saber desenvolverse en la mayoría de las actividades diarias, hablar de usted mismo y preguntar sobre otras personas, ser capaz de comprender los programas de la televisión y las películas, expresar sus ideas con lenguaje básico y aprender estrategias creativas que le ayuden a sacar mayor provecho de lo que ya sabe. Funcional no quiere decir fluidez perfecta, como un nativo, ¡pero es un gran logro!

5. No se preocupe por la pronunciación

"Perder el acento" es uno de los aspectos más difíciles del aprendizaje de un idioma. Si usted piensa en artistas famosos, científicos o personajes políticos cuyo idioma materno no es el inglés, probablemente tienen un acento muy obvio. Pero eso no ha sido un obstáculo para ellos. Los niños son capaces de aprender los sonidos de cualquier idioma del mundo y son capaces de reproducirlos perfectamente. Esto es parte del proceso de aprendizaje de un idioma materno. Como adulto, o inclusive de joven, esta habilidad se reduce, así que si usted se queja de no pronunciar su nuevo idioma como un nativo, sólo se desilusionará. Esto no quiere decir que no pueda aprender bien la pronunciación. Aun los adultos pueden llegar muy lejos si imitan los sonidos que escuchan. Así que escuche cuidadosamente el audio varias veces. El escuchar es una parte muy importante de este proceso: usted no puede reproducir el sonido hasta que aprenda a distinguirlo. Cuando lo logre, imite el sonido. No tema sonar raro o extraño. Practique y con el tiempo desarrollará una buena pronunciación.

6. NO SEA TÍMIDO

El aprendizaje de un nuevo idioma incluye inevitablemente hablar en voz alta y cometer errores antes de llegar a hacerlo bien. No tema sonar raro, torpe o tonto. No sera así: usted impresionará con sólo intentarlo. Mientras más hable, y más interaccione, más rápido podrá corregir los errores que comete.

SUGERENCIAS PARA APRENDER VOCABULARIO NUEVO

Obviamente usted necesita aprender palabras nuevas para hablar un nuevo idioma. Aunque parezca que esto sólo consiste en poner las palabras juntas en oraciones, en realidad no es tan simple. Memorizar las palabras es difícil, aun memorizarlas a corto plazo. Pero para memorizarlas a largo plazo, se necesita mucha práctica y repetición. Usted no aprenderá la lista de vocabulario con solo leerla una o dos veces. Necesita practicar.

Hay varias formas de grabar una palabra en su memoria y algunos métodos pueden funcionar mejor que otros. Lo mejor es que pruebe varios métodos hasta que sienta que uno de ellos es el adecuado. He aquí algunas sugerencias y algunos indicadores:

1. Repetición del audio

Mire bien la palabra escrita y escuche el audio varias veces. Acuérdese de la traducción en español mientras hace esto.

2. Repetición hablada

Diga una palabra varias veces en voz alta, manteniendo la mirada en la palabra escrita mientras se escucha a sí mismo decir la palabra. No es una carrera, no se precipite en decir la palabra una y otra vez tan rápidamente que distorsionará la pronunciación. Sólo repítala, lenta y naturalmente, con cuidado y pronunciándola lo mejor que pueda. Mire la palabra cada vez que la repita. De esta manera, usted estará estimulando dos de sus sentidos—el auditivo y la visión—y así el impacto en su memoria será doble.

3. Repetición escrita

Escriba una palabra en su cuaderno una y otra vez a lo largo de la página, diciéndola lenta y cuidadosamente cada vez que la escriba. No tema llenar hojas y hojas de papel con palabras nuevas de vocabulario.

4. Fichas

Podrían parecer un juego de niños, pero son muy efectivas. Corte pedazos pequeños de papel (no hay necesidad de gastar mucho dinero en comprar fichas) y escriba la palabra en español en un lado y la palabra en inglés en el otro. Con sólo hacer esto, podrá recordar algunas palabras. Después lea la "baraja" de fichas. Primero vaya del nuevo idioma—inglés—al español. Voltee las tarjetas de manera que vea las palabras en inglés, lea cada tarjeta y adivine el significado. Cuando haya adivinado, voltee la tarjeta y fíjese si su respuesta es correcta. Si la respuesta es correcta, ponga la ficha en "el montón aprendido". Si su respuesta no es correcta, repita la palabra y su significado y póngala en en fondo del "montón para aprender".

Apenas se haya aprendido toda la baraja de fichas del inglés al español, voltee la baraja e intente ir del español al inglés. Se dará cuenta de que esto es más difícil, pero también es una forma de comprobar si ha aprendido bien o no la nueva palabra.

5. Mnemotecnia

La mnemotecnia es una fórmula o truco que le ayuda a recordar algo y pone a funcionar su memoria. Por ejemplo: si usted está aprendiendo los países de Centro América, puede pensar en GUSANICO PAHON, y así recordará, Guatemala, El Salvador, Nicaragua, Costa Rica, Panamá y Honduras. Este truco también funciona bien con el vocabulario. Cuando usted escuche y lea una palabra nueva, fíjese si suena a algo parecido: un lugar, un nombre, una frase sin sentido. Después, forme en su mente una imagen de ese lugar, nombre o argumento sin sentido. Imagínese esto al decir y leer la palabra nueva. Recuerde que mientras más sentidos utilice (audición, visión) y mientras más escriba, hable y se imagine cosas aunque no tengan sentido, recordará más fácilmente.

6. Grupos

El vocabulario se debe aprender en grupos pequeños y lógicos cuando sea posible. La mayoría del vocabulario de este libro ya está organizado de esta manera. No trate de aprender toda la lista de una vez. Escoja su método, repita la palabra en voz alta, escríbala en un papel, etc., y practique con un grupo pequeño.

7. Práctica

No se aprenda una palabra fuera de contexto y la deje ahí sola. Regrese y practíquela en el contexto que se le ha dado en este curso. Si la palabra aparece en un diálogo, léala con la oración completa y ponga en su mente una imagen de esa oración. Si es posible, trate de sustituir otras palabras con la misma estructura de esa oración—por ejemplo: "John goes to the **library**", en vez de "John goes to the **store**". De modo que vaya avanzando con el curso, trate de escribir sus propios ejemplos simples de palabras en el mismo contexto.

8. Regrese al vocabulario

Ésta es la clave para aprender el vocabulario: no guardarlo temporalmente en su memoria a corto plazo, sino hacerlo quedar en su memoria a largo plazo. Vuelva a las listas anteriores, a las barajas de fichas que ha hecho o a los ejemplos de oraciones. Escuche el vocabulario de las lecciones previas. Saque formulas mnemónicas que usted ha creado desde el principio de sus estudios. Y esté siempre pendiente de palabras viejas que aparecen de nuevo durante el curso.

SUGERENCIAS PARA UTILIZAR EL AUDIO

El audio no solamente le permite escuchar cómo los nativos pronuncian las palabras que usted está aprendiendo, sino que también sirve como una segunda ayuda a su aprendizaje. Las palabras escritas sirven como información visual, y el audio como información auditiva. Hay diferentes maneras en las que usted puede utilizar el audio. Primero, escuche el audio mientras mira la palabra u oración. Escúchelo varias veces mientras mira el material. Luego, mire hacia otra parte y solamente escuche el audio. También puede escuchar el audio de lecciones previas como una forma de repaso. Ponga el audio en su computadora o en un reproductor MP3 y llévelo con usted en su auto, en el tren, mientras camina o corre, o cuando tenga tiempo libre. Recuerde que mientras más tiempo esté expuesto y mientras más contacto tenga con el idioma que está aprendiendo, aprenderá mucho mejor.

SUGERENCIAS PARA UTILIZAR LOS DIÁLOGOS

Los diálogos son maneras muy buenas para ver el idioma en acción. Muestran cómo hablan las personas en situaciones reales. Para sacarle el mayor provecho al diálogo como estudiante de este idioma, piense en forma de ciclo en vez de forma lineal. Primero, lea una vez el diálogo en el idoma que está estudiando y obtenga una idea de lo que está pasando. No se preocupe sobre los detalles todavía. Luego, vuelva y léalo por segunda vez, enfocándose en oraciones individuales. Busque palabras nuevas o estructuras nuevas. Póngase como meta tratar de entender lo que dice el diálogo según el contexto. Después de todo, esto es lo que usted hará en el mundo real, ¡es una habilidad muy conveniente que debe desarrollar! Apenas haya entendido los detalles, lea el diálogo otra vez de principio a fin. Cuando esté familiarizado con el diálogo, ponga el audio y léalo mientras lo escucha. No trate de repetirlo todavía; sólo escuche y lea. Esto le ayudará a su comprensión oral. Despúes, vuelva y escuche de nuevo, pero esta vez haga una pausa y repita las frases u oraciones que está escuchando y leyendo. Esto le ayudará a hablar y a pronunciar bien. Ahora escuche de nuevo sin la forma impresa del diálogo. Para entonces, ya sabrá a fondo muchas de las frases del diálogo y cualquier palabra o estructura le será muy familiar.

SUGERENCIAS PARA HACER LOS EJERCICIOS

Los ejercicios son para darle la oportunidad de practicar el vocabulario y las estructuras que aprende en cada lección y, por supuesto, también para que pruebe cuánto se le ha quedado en la memoria. Tómese su tiempo para escribir toda la oración, para que así le saque el mayor provecho a la práctica. No se limite simplemente a leer y a escribir. Lea las oraciones y respuestas en voz alta; así practicará la pronunciación y su capacidad para hablar el idioma. Al paso que le sea más cómodo, trate de adaptar las oraciones de las prácticas, sustituyéndolas con vocabulario diferente o con estructuras gramaticales. Sea creativo, haga lo que más pueda con las prácticas para así sacarles el mayor provecho.

SUGERENCIAS PARA APRENDER LA GRAMÁTICA

Cada punto gramatical está diseñado para ser lo más "asimilable" posible, y a la misma vez, lo suficientemente completo para enseñarle lo que necesita saber. Las explicaciones están hechas de una manera simple y directa, pero una de las cosas que usted puede hacer es tomar apuntes de cada sección gramatical. Ponga las explicaciones en sus propias palabras y copie lenta y cuidadosamente los ejemplos de las oraciones y las tablas. Esto logrará dos cosas: le dará un cuaderno claro y bien hecho que podrá llevar a todas partes para repasar y practicar y también le obligará a tomarse su tiempo con cada sección para así entenderla claramente. Por supuesto que la gramática requiere mucha memorización: las terminaciones verbales, las formas irregulares, los pronombres y mucho más. De modo que muchas de las sugerencias para aprender el vocabulario también se podrán utilizar para la gramática.

1. LA REPETICIÓN DEL AUDIO
Escuche el audio varias veces mientras mira las palabras o las oraciones. Por ejemplo, para la conjugación de un verbo, escuche todas las formas varias veces mientras las lee y así pondrá a funcionar también la memoria visual.

2. LA REPETICIÓN HABLADA
Escuche el audio y repita varias veces para practicar. Por ejemplo, para aprender la conjugación de un verbo irregular, repita todas las formas del verbo hasta que sea capaz de reproducirlas sin mirar las conjugaciones. Es un poco como memorizar los diálogos de una obra de teatro; practique hasta que le suenen de forma natural. También practique de esta misma forma los ejemplos de oraciones, enfocándose, claro está, en la parte gramatical.

3. LA REPETICIÓN ESCRITA
Escriba las estructuras nuevas una y otra vez, mientras las repite en voz alta, lenta y cuidadosamente. Haga esto hasta que sea capaz de reproducirlas todas sin ninguna ayuda.

4. LAS FICHAS
Copie el punto gramatical, una lista de pronombres, una conjugación, o una lista de verbos irregulares en una ficha. Ponga estas fichas en su bolsillo para que pueda practicar cada vez que tenga tiempo libre. Échele un vistazo a las fichas, repitiendo el contenido para usted mismo varias veces, y cuando esté listo para comprabar si lo sabe, dé vuelta a la ficha y vea si es capaz de reproducir su contenido.

5. La gramática en un contexto real

¿Le gustaría ver una gran cantidad de ejemplos de oraciones que utilizan cierta forma particular de gramática? Pues bien, escriba esa forma en cualquier buscador de la Internet; escoja algunos de los ejemplos que encuentre y escríbalos en su cuaderno o diario. Separe los ejemplos y busque las palabras que no sabe y trate de entender las estructuras gramaticales. Puede que no entienda todo al 100%, pero con seguridad aprenderá y practicará en el proceso.

6. Regrese a la gramática

Así como el vocabulario, la gramática también se aprende con repetición y repaso.

Vuelva a sus apuntes, a las lecciones previas y lea la sección de gramática de nuevo, escuche el audio o revise la sección de gramática pertinente en el resumen gramatical. Aunque ya haya terminado la lección, nunca es mala idea volver a lecciones previas y mantener la gramática "vieja" fresca en su memoria.

CÓMO DESARROLLAR SU EXPERIENCIA DE APRENDIZAJE

Su experiencia con su nuevo idioma no debe estar limitada a este curso solamente. Como todo, aprender un idioma puede ser más divertido si usted, de alguna manera, lo hace parte de su vida. Y se sorprenderá de lo fácil que es hacer esto hoy en día.

1. Utilice la Internet

La Internet es un recurso increíble para las personas que están aprendiendo un nuevo idioma. Usted está tan sólo a un clic de periódicos en línea, revistas, material de referencia, sitios culturales, imágenes, sonido y mucho más. Desarrolle una lista de sitios favoritos de acuerdo a sus intereses y necesidades, bien sea cocinar, la moda, los negocios, el cine, el piragüismo (en kayak), el alpinismo o en fin, . . . lo que sea. Utilice la Internet de una forma creativa para encontrar ejemplos de la gramática en el "mundo real". Busque algún blog o publicación y tómese su tiempo para leer algún artículo o anotación. Piense para qué utiliza usted la Internet en español, y busque sitios similares en inglés.

2. INVESTIGUE LOS RECURSOS DE SU COMUNIDAD

Según donde usted viva, puede haber muchos recursos para practicar en su comunidad. Puede haber una organización o un club donde la gente se reúne. Puede haber una universidad o colegio donde uno de los departamentos ofrece películas o grupos de discusión. Puede haber un restaurante donde puede ir y pedir una buena comida y practicar su nuevo idioma. Mucha de esta información se puede encontrar en la Internet, y también hay sitios donde grupos de personas, atraídas por un mismo interés, se conocen y se organizan.

3. PELÍCULAS EXTRANJERAS

Las películas son una forma maravillosa para practicar el sentido auditivo y entender el nuevo idioma. Con los subtítulos en español, pause y rebobine; en realidad las películas son ¡diálogos largos con imágenes! Además, proporcionan gran información y experiencia cultural. Y hoy en día es muy sencillo alquilar DVDs por la Internet o hasta ver películas a través de la Internet. De modo que si usted va a empezar a aprender un nuevo idioma, vaya a la Internet y alquile algunas películas que pueda ver durante las próximas semanas y meses.

4. MÚSICA

Aunque no tenga una voz adecuada para cantar, la música es una forma buenísima para aprender vocabulario. Despúes de escuchar una canción sólo pocas veces, de alguna manera la letra se queda en la memoria. Y con la Internet es muy fácil encontrar la letra completa de la canción. Imprímala y téngala lista para cuando esté sólo y tenga ganas de cantar.

5. TELEVISIÓN

Si puede encontrar en la televisión programación en el idioma que está estudiando, ¡aprovéchelo! Es muy posible que escuche el idioma coloquial y de forma natural, incluyendo expresiones idiomáticas y conversaciones rápidas; todo esto será un gran reto para su habilidad de comprensión. Y las señales visuales, incluyendo el lenguaje del cuerpo y los gestos, también le ayudarán. Además, podrá ver cómo el idioma interacciona con la cultura, lo cual es una parte muy importante en el aprendizaje de un idioma.

6. COMIDA

Una excelente manera de aprender un idioma es a través del arte culinario. ¿Qué podría ser mejor que ir a un restaurante y probar nuevos platos con la intención de practicar el nuevo idioma que ha adquirido? Vaya a un restaurante, y si los nombres de los platos están escritos en el idioma que usted está estudiando, trate de descifrarlos. Luego, trate de hacer el pedido en el idioma que está aprendiendo, claro está, ¡si el mesero habla ese idioma! Lo menos que pueda pasar es que aprenda nuevo vocabulario y saboree una nueva comida exquisita.

Esta tabla de pronunciación es útil como guía de referencia.

CONSONANTES

Algunas letras en inglés tienen varias formas de pronunciación. Los sonidos proporcionados en español son sólo una aproximación.

Letra en inglés	Sonido aproximado en español	Ejemplo
b	*bonita*	**b**oy
c antes de **a, o, u**	*cama*	**c**at
c antes de **e, i**	*cena*	**c**ereal
d	*dedo*	**D**avid
f	*fútbol*	**f**ine
g antes de **a, o, u**	*gato*	**g**ame
g antes de **e, i**	entre *ch* y *y*	**G**erman
h	*gente*	**h**ome
j	entre *ch* y *y*	**j**acket
k	*cama*	**k**eep
k antes de **n**	muda	**k**nown
l	*limón*	**l**ife
m	*madre*	**m**onth

n	_nada_	**n**ever
p	_pobre_	sto**p**
qu	_cual_	**qu**ickly
r	como la _r_ española, pero más suave	**r**um
s	_siempre_	**s**ame
s entre vocales	como un "zumbido"	ro**s**e
s antes de **-ure**	_ishhh!_	**s**ure
t	_tarea_	**t**ip, respec**t**
t antes de **-tion**	_ishhh!_	na**t**ion
t antes de **-ure**	_mucho_	ma**t**ure
v	_vino_	**v**ery
w	_huevo_	**w**elcome
y	_ya_ (muy suave)	**y**ellow
z	como un "zumbido"	**z**oo

COMBINACIONES DE CONSONANTES

Letra en inglés	Sonido aproximado en español	Ejemplo
ch	_mucho_	**ch**eck
dge	entre _ch_ y _y_	knowle**dge**

gh al final de sílaba	*faro*	lau**gh**
gh al principio de palabra	*gato*	**gh**ost
ll	*diá**l**ogo*	vi**ll**a
ph	*teléfono*	tele**ph**one
sh	*i**shh**h!*	**sh**oes
th	*zona* (en partes de España)	**th**anks
th	*la**d**o*	**th**e
wh antes de **o**	*jugo*	**wh**ose
wh antes de **a, i, e**	*whiskey*	**wh**ite

VOCALES

En inglés existen solamente cinco letras vocales, pero hay una gran variedad de sonidos vocálicos.

Letra en inglés	Sonido aproximado en español	Ejemplo
a	*arco*	c**a**r
a	*ella*	m**a**ny
a antes de consonante + **e** final	*peine*	l**a**te
e	*estar*	l**e**t

e al final de monosílabo	*ci̠nco*	h**e̠**
e antes de **w**	*diu̠rno*	f**e̠**w
e al final de palabra	muda	fin**e̠**
i	*i* pero más relajada	s**i̠**ster
i	*ni̠ño*	mar**i̠**ne
i al final de sílaba o antes de **e** final	*va̠ina*	h**i̠**
o entre consonantes	*ha̠bla*	n**o̠**t
o después de **d, t**	*u̠so*	d**o̠**
o antes de **w**	*Lau̠ra*	h**o̠**w
o al final de palabra	*o* alargada "ou"	hell**o̠**
u antes de consonante + **e** final	*diu̠rno*	exc**u̠**se
u	*pu̠lso* (más relajada)	p**u̠**t
u	*pu̠lso*	attit**u̠**de
y al final de palabra y después de consonante	*va̠ina*	m**y̠**

COMBINACIONES DE VOCALES

Letra en inglés	Sonido aproximado en español	Ejemplo
ai entre consonantes	_peine_	**rain**
au	similar a la _a_ en _bata_	**cause**
ea	_rival_	**eat**
ea	_rey_	**great**
ea	_error_	**sweater**
ee	_niño_	**see**
ei	_niño_	**neither**
ei	_peine_	**eight**
ie	_niño_	**field**
oa entre consonante y **t** final	_o_ pero más alargada	**coat**
oo	_pulso_	**food**
oo	_pulso_, pero más relajada	**good**
ou	_pulso_	**you**
ou	_Laura_	**round**
ou	_a_ pero más relajada	**tough**

Además, algunas vocales en inglés se pronuncian de manera muy relajada y neutra, especialmente en las sílabas que no tienen énfasis. Este sonido se conoce en inglés como "schwa" y no tiene un equivalente exacto en español. Es como la **a** española, pero mucho más relajada: **a**bout, t**o**night, nati**o**n.

UNIDAD 1
Las presentaciones

Hello! *(¡Hola!)* **Welcome to Complete English: The Basics!** *(¡Bienvenido al Curso Completo de Inglés: Nivel Básico!)* Un buen punto de partida para el aprendizaje del inglés es aprender presentarse ante alguien. En esta unidad usted aprenderá saludar a los demás, presentarse usted mismo, presentar a otras personas, decir de dónde es y preguntar información básica. Empezaremos con palabras simples, después con frases, luego con oraciones más complejas y finalmente con conversaciones.

Lección 1 (palabras)

Los saludos y los datos personales

Empezaremos con una lista de palabras que usted podrá utilizar para presentarse ante alguien y para saludar a las personas.

LISTA DE PALABRAS 1

Hello!/Hi!	*¡Hola!*
Welcome!	*¡Bienvenido/a!*
name	*nombre*
address	*dirección*
phone number	*número de teléfono*
my	*mi, mis*
your	*tu, su, tus, sus, vuestro/a, vuestros/as*
from	*de*
Thanks.	*Gracias.*
Colombian	*colombiano/a*
Guatemalan	*guatemalteco/a*

Mexican	*mexicano/a*
French	*francés/francesa*
German	*alemán/alemana*
American	*estadounidense*

PRÁCTICA 1

Empareje la palabra en español con la palabra correspondiente en inglés.

1. *hola*		a. thanks
2. *dirección*		b. phone number
3. *nombre*		c. from
4. *número de teléfono*		d. my
5. *bienvenido/a*		e. your
6. *gracias*		f. name
7. *de*		g. hi
8. *mi*		h. address
9. *tu*		i. welcome

PUNTO GRAMATICAL 1

LOS PRONOMBRES PERSONALES CON FUNCIÓN DE SUJETO

Ahora vamos a aprender los pronombres personales con función de sujeto.

Singular		Plural	
I	*yo*	**we**	*nosotros*
you	*tú, usted*	**you**	*ustedes, vosotros/as*

Singular		Plural	
he	*él*	**they**	*ellos, ellas*
she	*ella*		
it	(pronombre neutro)		

NOTAS

El pronombre **you** se utiliza de forma singular y plural. También se utiliza de forma familiar y formal. Por ejemplo, si usted le habla a su profesor, les habla a sus jefes, o le habla a su mejor amigo, se utiliza **you**. **I** *(yo)* siempre se escribe con letra mayúscula. El pronombre **it** como sujeto del verbo usualmente no tiene traducción al español. **It** es un pronombre neutro que se utiliza para refererirse a cosas, animales, ideas, pensamientos o situaciones.

It is difficult.
Es difícil.

This is my car. It is very fast.
Éste es mi auto. Es muy rápido.

It is a beautiful day!
¡Es un día hermoso!

PRÁCTICA 2
Escoja el pronombre personal que se usa con cada frase.

1. *Cuando usted habla de usted mismo.*
2. *Cuando usted se refiere a su mamá.*
3. *Cuando usted le habla a su mamá.*
4. *Cuando usted le habla a su hermano menor.*
5. *Cuando usted les habla a sus amigos.*

6. *Cuando usted habla de usted mismo y de su familia.*

7. *Cuando usted se refiere a su vecindad.*

8. *Cuando usted les habla a sus profesores.*

9. *Cuando usted se refiere a sus hermanas.*

10. *Cuando usted se refiere a su auto.*

Más palabras para aprender.

LISTA DE PALABRAS 2

wife	*esposa*
husband	*esposo*
neighbor	*vecino/a*
neighborhood	*vecindad*
city	*ciudad*
country	*país*
who	*quién*
what	*qué*
where	*dónde*
when	*cuándo*
how	*cómo*
why	*por qué*

NOTAS

En inglés no hay distinción en el género de los sustantivos entre masculino o femenino—por ejemplo: *vecino/vecina*—**neighbor;** *bienvenido/bienvenida*—**welcome.**

PUNTO GRAMATICAL 2

LOS ARTÍCULOS A O AN

A (o **an**) es un artículo indefinido equivalente a *un/una.* Se utilizan delante de los sustantivos singulares. Utilice **an** delante de los sustantivos que empiezan con **a, e, i,** y **o,** y delante de la vocal **u** cuando es un sonido corto, como **uncle** *(tío).*

a husband (*un esposo*)
a phone number (*un número de teléfono*)
an evening (*una noche*)
an island (*una isla*)
an uncle (*un tío*)

PRÁCTICA 3
Escriba **a** o **an** enfrente de los siguientes sustantivos.

1. _____ neighbor
2. _____ wife
3. _____ address
4. _____ country

5. _____ phone number
6. _____ city
7. _____ name

RESPUESTAS PARA LAS PRÁCTICAS
PRÁCTICA 1: 1. hi; **2.** address; **3.** name; **4.** phone number; **5.** welcome; **6.** thanks; **7.** from; **8.** my; **9.** your

PRÁCTICA 2: 1. I; **2.** she; **3.** you; **4.** you; **5.** you; **6.** we; **7.** it; **8.** you; **9.** they; **10.** it

PRÁCTICA 3: 1. a; **2.** a; **3.** an; **4.** a; **5.** a; **6.** a; **7.** a

---

Lección 2 (frases)

Los saludos y los datos personales

Ahora vamos a aprender algunas frases con las palabras que ya sabe. Añada estas frases a su colección de fichas.

LISTA DE FRASES 1

Good morning!	*¡Buenos días!*
Good afternoon!	*¡Buenas tardes!*
Good evening!	*¡Buenas noches!*
How are you?	*¿Cómo está usted?/¿Cómo estás?*
Fine, thanks.	*Bien, gracias.*
And you?	*¿Y usted?/¿Y tú?*
See you later!/See you!	*¡Nos vemos!/¡Hasta luego!*
Take care!	*¡Cuídese!/¡Cuídate!*
I am from Colombia.	*Soy de Colombia.*
my city	*mi ciudad*

PRÁCTICA 1

Diga las siguientes frases en voz alta. Las frases después de la letra *B* son las respuestas a las frases después de la letra *A*.

> A: Good morning!
> B: Good morning!

> A: How are you?
> B: Fine, thanks.

A: See you later!

B: Take care!

PUNTO GRAMATICAL 1

EL VERBO TO BE *(SER, ESTAR)*

Ahora va a aprender el primer verbo en inglés: **to be** *(ser, estar)*. Es un verbo irregular que no sigue las mismas reglas de los otros verbos.

Singular			Plural		
I	am	*yo soy, yo estoy*	we	are	*nosotros somos, nosotros estamos*
you	are	*tú eres, tú estás, usted es, usted está*	you	are	*ustedes son, ustedes están*
he/she/it	is	*él/ella es, él/ella está*	they	are	*ellos/ellas son*

I am Colombian.

Yo soy colombiano/a.

You are American.

Usted es estadounidense./Tú eres estadounidense.

She is Guatemalan.

Ella es guatemalteca.

We are from New York.
Nosotros somos de Nueva York.

They are from my city.
Ellos/Ellas son de mi ciudad.

PRÁCTICA 2
Llene los espacios con la forma correspondiente del verbo **to be** *(ser, estar)*.

1. John and Carlos _____ from my city.

2. I _____ from New York.

3. Carlos and I _____ from Colombia.

4. I _____ your neighbor.

5. You _____ my neighbor.

6. My phone number _____ 555–1328.

7. My name _____ John.

8. She _____ my wife.

LISTA DE FRASES 2

My name is . . .	*Mi nombre es . . .*
My first name is . . .	*Mi nombre de pila es . . .*
My last name is . . .	*Mi apellido es . . .*
My address is . . .	*Mi dirección es . . .*
My phone number is . . .	*Mi número de teléfono es . . .*
I'm from . . .	*Yo soy de . . .*
This is . . .	*Éste/Ésta/Esto es . . .*
It's . . .	*Es . . .*
I'm Carlos.	*Soy Carlos.*
Thank you very much.	*Muchas gracias.*

PUNTO GRAMATICAL 2
Contracciones del verbo to be *(ser, estar)*
En las conversaciones, en inglés se suelen formar contracciones con el sujeto + el verbo **to be** *(ser, estar)*.

I am—I'm
you are—you're
it is—it's
he is—he's
she is—she's
we are—we're
they are—they're

PRÁCTICA 3
Forme contracciones con los elementos dados.

1. (I am) _____ your neighbor.

2. (We are) _____ from México.

3. (She is) _____ Guatemalan.

4. (He is) _____ my husband.

5. (They are) _____ my children.

Nota cultural
El espacio personal

En Estados Unidos es muy importante mantener un espacio entre las personas y su privacidad. Cuando usted conversa con alguien o cuando está haciendo cola, es importante mantener un espacio adecuado entre usted y las otras personas. A este espacio se le llama **body bubbles** *(cuerpos de burbujas)*. Es como si cada persona estuviera dentro de una burbuja. Este espacio entre las personas debe ser de 60 a 65 centímetros más o menos. Si usted no mantiene un espacio adecuado y se acerca demasiado a la persona, ésta podrá sentirse incómoda. Obviamente, hay excepciones, como, por ejemplo, cuando usted va en un autobús o un tren y va mucha gente. En este caso, no siempre es posible mantener un espacio adecuado.

RESPUESTAS PARA LAS PRÁCTICAS
PRÁCTICA 2: 1. are; **2.** am; **3.** are; **4.** am; **5.** are; **6.** is; **7.** is; **8.** is

PRÁCTICA 3: 1. I'm; **2.** We're; **3.** She's; **4.** He's; **5.** They're

———————— Lección 3 (oraciones) ————————

Las presentaciones y las nacionalidades

Ahora vamos a poner las palabras y las frases juntas para formar oraciones.

LISTA DE ORACIONES 1

What's your name?	*¿Cómo se llama usted?/¿Cómo te llamas?*
My name is . . . /I'm . . .	*Mi nombre es . . . /Soy . . .*
Where are you from?	*¿De dónde es usted?/¿De dónde eres?*
I'm from . . .	*Soy de . . .*
What's your address?	*¿Cuál es su/tu dirección?*
My address is . . . /It's . . .	*Mi dirección es . . . /Es . . .*
What's your phone number?	*¿Cuál es su/tu número de teléfono?*
My phone number is . . . /It's . . .	*Mi número de teléfono es . . . /Es . . .*
What's your last name?	*¿Cuál es su/tu apellido?*
My last name is . . .	*Mi apellido es . . .*
When is your birthday?	*¿Cuándo es su/tu cumpleaños?*
My birthday is . . . /It's . . .	*Mi cumpleaños es . . . /Es . . .*
How old are you?	*¿Cuántos años tiene/tienes?*
I'm . . . (years old).	*Tengo . . . años.*

NOTAS
En las conversaciones es muy común usar la contracción **what's** para **what is**.

PRÁCTICA 1
Lea las preguntas en voz alta y luego escriba las respuestas usando la Lista de frases 2 de la lección.

1. What's your name?

2. What's your last name?

3. Where are you from?

4. What's your address?

5. What's your phone number?

6. How old are you?

PUNTO GRAMATICAL 1
PREGUNTAS CON EL VERBO TO BE *(SER, ESTAR)*
En oraciones afirmativas en inglés, normalmente el sujeto va delante del verbo y es seguido por el objeto del verbo o una frase.

She is from Colombia.
Ella es de Colombia.

My phone number is 555–1233.
Mi número de teléfono es el 555–1233.

Carlos and María are my neighbors.
Carlos y María son mis vecinos.

Pero cuando se hace una pregunta, el verbo **to be** *(ser, estar)* va delante del sujeto.

Is she from Colombia?
¿Es ella de Colombia?

Is your phone number 555–1233?
¿Es su/tu número de teléfono el 555–1233?

Are Carlos and María your neighbors?
¿Son Carlos y María sus/tus vecinos?

PRÁCTICA 2
Cambie las siguientes afirmaciones a preguntas.

1. She is Mexican.

2. John is from New York.

3. This is María.

4. Carlos and María are from Colombia.

5. Carlos is 37.

6. It is morning.

LISTA DE ORACIONES 2

I'd like you to meet María.	*Me gustaría presentarle/presentarte a María./Quiero presentarle/presentarte a María.*
I'd like to introduce you to María.	*Me gustaría presentarle/presentarte a María./Quiero presentarle/presentarte a María.*
This is María.	*Ésta es María.*
Nice to meet you.	*Mucho gusto.*
Same here.	*Igualmente.*
I'm Colombian.	*Soy colombiano/a.*
She's Guatemalan.	*Ella es guatemalteca.*
We're Mexican.	*Somos mexicanos/as.*
They're American.	*Ellos son estadounidenses.*
He's German.	*Él es alemán.*
I'm Japanese.	*Yo soy japonés/a.*
See you later.	*Hasta luego.*

NOTAS

Recuerde que en inglés, **you** *(tú, usted)* se utiliza para contextos familiares y formales. Para presentar a alguien en un contexto formal, utilice **I'd like you to meet** o **I'd like to introduce you to.** En contextos familiares o informales, utilice **This is.**

PUNTO GRAMATICAL 2

LA NEGACIÓN CON EL VERBO TO BE *(SER, ESTAR)*

Para formar una frase negativa con el verbo **to be,** se pone **not** *(no)* después del verbo.

She is not Colombian.
Ella no es colombiana.

We are not American.
Nosotros no somos estadounidenses.

They are not from my neighborhood.
Ellos no son de mi vecindad.

Fíjese que es muy común formar contracciones con **not,** quitando la **o: not** cambia a **n't** y se añade al verbo entero **to be.**

She isn't Colombian.
Ella no es colombiana.

We aren't American.
Nosotros no somos estadounidenses.

En realidad, es muy común formar contracciones con el verbo **to be.** He aquí algunas de ellas.

She isn't Colombian.
Ella no es colombiana.

She's not Colombian.
Ella no es colombiana.

We aren't American.
No somos estadounidenses.

We're not American.
No somos estadounidenses.

They aren't from my neighborhood.
Ellos no son de mi vecindad.

They're not from my neighborhood.
Ellos no son de mi vecindad.

I'm not Japanese.
Yo no soy japonés/a.

NOTAS

Am not no se puede contraer. Se tiene que usar de la siguiente forma: **I am not** o **I'm not**. Fíjese que estas contracciones son muy comunes en respuestas cortas.

Are they from your neighborhood?
¿Son ellos de su/tu vecindad?

No, they aren't./No, they're not.
No, no lo son.

Is she Colombian?
¿Es ella colombiana?

No, she isn't./No, she's not.
No, no lo es.

Are you 27?
¿Tiene usted 27 años?

No, I'm not (27).
No, no tengo (27 años).

PRÁCTICA 3
Conteste las siguientes preguntas con respuestas cortas negativas.

Ej.: Is she Colombian?
  No, she isn't.

1. Are they American?

2. Is he from my neighborhood?

3. Are you Mexican?

4. Is your name John?

5. Is she your neighbor?

6. Are Carlos and John from Guatemala?

Nota cultural
La fecha

En Estados Unidos la fecha sigue un formato diferente al que se usa en los países hispanohablantes. Cuando alguien le pregunte la fecha (o la fecha de su cumpleaños), usted debe decir primero el mes, luego el día y después el año. También es el caso cuando se abrevia la fecha. Por ejemplo, el 30 de noviembre de 1978 es **11/30/1978** o **November 30, 1978**; el dos de mayo de 2006 es **5/2/2006** o **May 2, 2006**.

RESPUESTAS PARA LAS PRÁCTICAS
PRÁCTICA 1: 1. My name is . . . **2.** My last name is . . . **3.** I'm from . . . **4.** My address is . . . **5.** My phone number is . . . **6.** I'm . . .

PRÁCTICA 2: 1. Is she Mexican? **2.** Is John from New York? **3.** Is this María? **4.** Are Carlos and María from Colombia? **5.** Is Carlos 37? **6.** Is it morning?

PRÁCTICA 3: 1. No, they aren't./No, they're not. **2.** No, he isn't./No, he's not. **3.** No, I'm not. **4.** No, it isn't./No, it's not. **5.** No, she isn't./No, she's not. **6.** No, they aren't./No, they're not.

──────── Lección 4 (conversaciones) ────────

£as presentaciones: cómo presentarse uno mismo y a otros

Ahora vamos a ponerlo todo junto.

CONVERSACIÓN 1

Carlos y John son vecinos y se ven por primera vez. Son las diez de la mañana.

Carlos:	**Good morning! How are you?**
John:	**Fine, thanks! And you?**
Carlos:	**Fine. My name is Carlos.**
John:	**Nice to meet you, Carlos. I'm John. Where are you from?**
Carlos:	**I'm from Colombia.**
John:	**Colombia! That's a beautiful country.**
Carlos:	**Thank you!**
John:	**Welcome to the neighborhood, Carlos!**
Carlos:	**Thanks! Nice to meet you, John.**
John:	**Same here! See you later!**

Carlos: *Buenos días. ¿Cómo está usted?*
John: *¡Bien, gracias! ¿Y usted?*
Carlos: *Bien. Mi nombre es Carlos.*
John: *Mucho gusto, Carlos. Soy John. ¿De dónde es usted?*
Carlos: *Soy de Colombia.*
John: *¡Colombia! Ése es un país muy hermoso.*
Carlos: *¡Gracias!*
John: *¡Bienvenido a la vecindad, Carlos!*

Carlos: *¡Gracias! Mucho gusto en conocerlo, John.*
John: *Igualmente. ¡Hasta luego!*

PRÁCTICA 1
Llene los espacios con las respuestas correspondientes.

Carol: Hi!
Gloria: _____.
Carol: How are you?
Gloria: _____.
Carol: I'm fine. What's your name?
Gloria: _____.
Carol: Where are you from?
Gloria: _____.
Carol: Nice to meet you.
Gloria: _____.
Carol: Welcome to the neighborhood.
Gloria: _____.

CONVERSACIÓN 2
Carlos y su esposa María están caminando y ven a su vecino John. Lo saludan y Carlos le presenta su esposa a John. Son las 2:00 de la tarde.

Carlos: Hi, John! How are you?
John: Very well, thanks! And you?
Carlos: I'm fine, thanks. I'd like you to meet my wife, María.
John: Very nice to meet you, María.
María: Nice to meet you, too, John.
John: It's a nice day for a walk, isn't it?
Carlos: Yes, it's a beautiful day.
John: Have a nice day!
Carlos and María: You, too! See you!

Carlos:	¡Hola, John! ¿Como estás?
John:	¡Muy bien! ¿Y tú?
Carlos:	Muy bien, gracias. Quiero presentarte a mi esposa, María.
John:	Mucho gusto en conocerla, María.
María:	Igualmente, John.
John:	Es un día muy agradable para caminar, ¿verdad?
Carlos:	Sí, es un día hermoso.
John:	¡Que tengan un buen día!
Carlos y María:	¡Tú también! ¡Hasta luego!

PUNTO GRAMATICAL 1
LA POSICIÓN DE LOS ADJETIVOS CON RESPECTO AL SUSTANTIVO
En inglés, los adjetivos van delante de los sustantivos.

a beautiful country
un país hermoso

a nice day
un día agradable

an intelligent person
una persona inteligente

PRÁCTICA 2
Ponga estas palabras en orden y forme oraciones con ellas.

1. (is/day/it/beautiful/a)

2. (husband/Carlos/a/good/is)

3. (this/a/neighborhood/is/nice)

4. (Colombia/country/beautiful/is/a)

5. (are/neighbor/a/you/good)

Nota cultural
Los saludos

En esta unidad usted aprendió formas de saludar a las personas en Estados Unidos. **Hi!** (o **Hello!**) es la forma más común de saludar. Después de ese corto saludo, es muy común preguntar, **How are you?** o **How are you doing?** Pero fíjese que esta pregunta se usa más como un saludo que como una pregunta literal. O sea, no le están preguntando por su salud. En este caso, la mejor forma de responder sería con **Fine, thanks. And you?** Acompañando a estos saludos, se acostumbra a darse la mano y a sonreír. Los amigos cercanos y los familiares suelen abrazarse y darse un beso en la mejilla.

RESPUESTAS PARA LAS PRÁCTICAS

PRÁCTICA 1: 1. Hi!/Hello! **2.** Fine, thanks! And you? **3.** I'm Gloria./My name is Gloria. **4.** I'm from . . . **5.** Same here./You, too. **6.** Thanks!

PRÁCTICA 2: 1. It is a beautiful day. **2.** Carlos is a good husband. **3.** This is a nice neighborhood. **4.** Colombia is a beautiful country. **5.** You are a good neighbor.

LO ESENCIAL DE LA UNIDAD 1

Éstas son algunas frases y oraciones esenciales de la Unidad 1 para repasar.

Hello./Hi.	*Hola.*
How are you?	*¿Cómo está/estas?*
Fine, thanks. And you?	*Bien, gracias. ¿Y usted/tú?*
What's your name?	*¿Cómo se llama usted?/¿Cómo te llamas?*
My name is . . . /I'm . . .	*Mi nombre es . . . /Soy . . .*
Nice to meet you.	*Mucho gusto en conocerlo/la/te.*
Same here./You, too.	*Igualmente.*
Where are you from?	*¿De dónde es/eres?*
I'm from . . .	*Soy de . . .*
See you later!	*¡Hasta luego!/Te veo después.*

UNIDAD 2
Hablando de la familia

En esta unidad va a aprender a preguntar y a responder preguntas acerca de la familia.

También va a aprender más verbos y el tiempo presente continuo (o presente progressivo) para expresar acciones que suceden en el presente inmediato.

———— Lección 5 (palabras) ————

La familia en la casa

Haga fichas con esta lista de palabras y añádalas a su fichero.

LISTA DE PALABRAS 1

parent	*el padre o la madre*
father	*el padre*
mother	*la madre*
brother	*el hermano*
sister	*la hermana*
child	*el niño/la niña*
son	*el hijo*
daughter	*la hija*
family	*la familia*
grandfather	*el abuelo*
grandmother	*la abuela*
uncle	*el tío*
aunt	*la tía*
niece	*la sobrina*
nephew	*el sobrino*

Notas

El plural de **child** *(niño/a)* es irregular: **children** *(niños)*.

PUNTO GRAMATICAL 1
EL PLURAL DE LOS SUSTANTIVOS

Para formar el plural de los sustantivos en inglés, usualmente se añade una **s** al final de la palabra.

parent—parents *(papá o mamá, padres)*
father—fathers *(padre—padres, masculinos)*
son—sons *(hijo—hijos)*

Si el sustantivo termina con **s, ch,** o **sh,** entonces se añade **es.**

glass—glasses *(vaso—vasos)*
lunch—lunches *(almuerzo—almuerzos)*
dish—dishes *(plato—platos)*

Si el sustantivo termina en una "consonante + **y**", entonces se quita la -**y** y se añade -**ies.**

family—families *(familia—familias)*
party—parties *(fiesta—fiestas)*
cherry—cherries *(cereza—cerezas)*

Fíjese que algunos sustantivos no siguen estas reglas y son irregulares.

child—children *(niño o niña—niños)*
man—men *(hombre—hombres)*
woman—women *(mujer—mujeres)*

PRÁCTICA 1
Llene los espacios con las siguientes palabras. Forme el plural si es necesario.

parent, sister, family, brother

Juan and Marco are my _____. I am 36 years old, Juan is 35, and Marco is 34. Teresa and Margarita are my _____. Teresa is 37 and Margarita is 32. Our _____ are in Colombia. Our _____ is big!

LISTA DE PALABRAS 2

garage	*el garaje*
backyard	*el patio de atrás*
front yard	*el jardín del frente*
outside	*afuera*
inside	*adentro*
porch	*el porche, el pórtico, el cobertizo*
bedroom	*el dormitorio, el cuarto, la habitación*
living room	*la sala*
kitchen	*la cocina*
basement	*el sótano*
table	*la mesa*
chair	*la silla*
couch, sofa	*el sofá*
bed	*la cama*

PUNTO GRAMATICAL 2
PARA EXPRESAR POSESIÓN
Ahora va a aprender los adjetivos posesivos.

Singular		Plural	
my	*mi, mis*	**our**	*nuestro/a/os/as*
your	*tu, su, tus, sus*	**your**	*sus*

Singular		Plural	
his	*su (de él), sus*	**their**	*sus (de ellos/as)*
her	*su (de ella), sus*		
its	*su, sus*		

NOTAS

El uso de los adjetivos posesivos en inglés es casi igual que el uso de los adjetivos posesivos en español, excepto que no hay ningún cambio cuando el sujeto es plural.

my brother *(mi hermano)*
my brothers *(mis hermanos)*
your nephew *(tu sobrino)*
your nephews *(tus sobrinos)*

Para expresar que una persona posee algo, se añade un apóstrofo y una **s** al sustantivo singular.

my brother's car
el auto de mi hermano

the student's books
los libros del estudiante

María's husband
el esposo de María

Carlos's wife
la esposa de Carlos

Si el sustantivo es plural, sólo se añade el apóstrofo después de la **s** final.

my brothers' car
el auto de mis hermanos

the students' books
los libros de los estudiantes

PRÁCTICA 2
Llene los espacios con los adjectivos posesivos.

1. José is _____ son. I am _____ father.

2. Luisa is María's daughter. María is _____ mother.

3. José and Luisa are Carlos's children. Carlos is _____ father.

4. You aren't Carlos's father. Carlos isn't _____ son.

5. Julie is my neighbor. _____ husband's name is John.

6. María and I are married. _____ children are Luisa and José.

7. My neighbors' children are outside. _____ names are Laura and Jim.

8. John is from New York. _____ last name is McCarthy.

9. I'm Jorge. _____ last name is Ferguson.

10. We are from Mexico. _____ grandparents are in the United States.

RESPUESTAS PARA LAS PRÁCTICAS
PRÁCTICA 1: 1. brothers; **2.** sisters; **3.** parents; **4.** family

PRÁCTICA 2: 1. my, his; **2.** her; **3.** their; **4.** your; **5.** Her; **6.** Our; **7.** Their; **8.** His; **9.** My; **10.** Our

Cómo describir a los miembros de la familia

Ahora va a aprender algunas frases para hablar sobre su familia.

LISTA DE FRASES 1

a big family	*una familia grande*
younger brother, younger sister	*hermano menor, hermana menor*
older brother, older sister	*hermano mayor, hermana mayor*
the oldest	*el mayor*
the youngest	*el menor*
black hair (blond, brown), red hair	*pelo negro (rubio, castaño), pelirrojo*
green eyes (blue, brown)	*ojos verdes (azules, castaños)*
handsome man	*hombre guapo*
beautiful woman	*mujer hermosa*
intelligent person	*persona inteligente*
. . . is thin.	*. . . es delgado/a.*
. . . is tall.	*. . . es alto/a.*
. . . is short.	*. . . es bajo/a.*
. . . has a mustache.	*. . . tiene bigote.*
. . . has a beard.	*. . . tiene barba.*

Los números 1–20:

one	1	eleven	11
two	2	twelve	12
three	3	thirteen	13
four	4	fourteen	14

five	5	fifteen	15
six	6	sixteen	16
seven	7	seventeen	17
eight	8	eighteen	18
nine	9	nineteen	19
ten	10	twenty	20

PUNTO GRAMATICAL 1

EL VERBO TO HAVE *(TENER)*

Ahora va a aprender otro verbo: **to have** *(tener).*

Singular			Plural		
I	have	*yo tengo*	we	have	*nosotros tenemos*
you	have	*tú tienes, usted tiene*	you	have	*ustedes tienen*
he/she/it	has	*él/ella tiene*	they	have	*ellos/ellas tienen*

I have a brother.

Tengo un hermano.

They have a car.

Tienen un coche.

El verbo **to have** no se usa para expresar la edad de una persona ni para otras condiciones como *tener sed/hambre/frío/calor*. En estos casos se usa el verbo **to be**.

I'm hungry.
Tengo hambre.

I'm thirsty.
Tengo sed.

I'm hot.
Tengo calor.

I'm cold.
Tengo frío.

PRÁCTICA 1
Llene los espacios con la forma correcta del verbo **to have**.

1. Carlos _____ two brothers and three sisters.

2. Carlos and María _____ two children.

3. Juan and I _____ a big family.

4. Teresa _____ one sister.

5. María and I _____ one son.

6. María's uncle _____ black hair and green eyes.

7. My niece and nephew _____ blond hair.

8. Juan is tall and he _____ brown hair.

9. Margarita's children _____ red hair and blue eyes.

10. I _____ a brown mustache.

PRÁCTICA 2

Llene los espacios con la información dada sobre los hermanos de Carlos. Use la Lista de frases 1.

Teresa is 37./Carlos is 36./Juan is 35./Marco is 34./Margarita is 32.

1. Teresa is _____.

2. Margarita is _____.

3. Carlos has two _____.

4. Marco has one _____.

5. Margarita and Marco have two _____.

6. Carlos has an older sister. Her name is _____.

7. Juan has a younger brother. His name is _____.

LISTA DE FRASES 2

to play soccer	*jugar al fútbol*
to clean the garage	*limpiar el garaje*
to grocery shop	*hacer la compra*
to read a newspaper	*leer un periódico*
to listen to music	*escuchar música*
to write a letter	*escribir una carta*
to watch TV	*mirar la televisión*
to cut the grass	*cortar el césped*
to live in New York	*vivir en Nueva York*
to visit one's family	*visitar la familia*
to eat breakfast	*desayunar*
in the living room	*en la sala*
on the couch	*en el sofá*
at the table	*en la mesa*
I don't know.	*No sé.*

PRÁCTICA 3
Lea lo siguiente.

Carlos has a wife and two children. María is his wife, and José and Luisa are his son and daughter. It's a beautiful day. José is in the backyard. Luisa is in her bedroom. Carlos is in the garage. His parents are in the living room. They are on the couch.

Conteste la siguientes preguntas basadas en la lectura anterior.

1. Where is Luisa?

2. Where is José?

3. Where is Carlos?

4. Where are his parents?

5. Where is María?

RESPUESTAS PARA LAS PRÁCTICAS
PRÁCTICA 1: 1. has; **2.** have; **3.** have; **4.** has; **5.** have; **6.** has; **7.** have; **8.** has; **9.** have; **10.** have

PRÁCTICA 2: 1. the oldest; **2.** the youngest; **3.** younger brothers; **4.** older sister/younger sister; **5.** older brothers; **6.** Teresa; **7.** Marco

PRÁCTICA 3: 1. in her bedroom; **2.** in the backyard; **3.** in the garage; **4.** in the living room/on the couch; **5.** I don't know.

Cómo describir la familia y las actividades en la casa

Ahora vamos a formar oraciones con las palabras y frases que vimos anteriormente.

LISTA DE ORACIONES 1

Tell me about your family.	*Cuénteme/Cuéntame sobre su/tu familia.*
How many brothers and sisters do you have?	*¿Cúantos hermanos y hermanas tiene/tienes?*
Are you married?	*¿Está/Estás casado?*
Yes, I am married.	*Sí, estoy casado/a.*
No, I'm not married.	*No, no estoy casado/a.*
Do you have any children?	*¿Tiene/tienes niños/as?*
Yes, I have two children.	*Sí, tengo dos niños/as.*
How's your family?	*¿Cómo está su/tu familia?*
They're fine, thanks.	*Ellos/Ellas están bien, gracias./Está bien, gracias.*
What does she look like?	*¿Cómo es ella?*
She has brown hair and green eyes.	*Ella tiene el pelo castaño y los ojos verdes.*
He is tall and thin.	*Él es alto y delgado.*

PUNTO GRAMATICAL 1

El presente continuo

Para formar el presente continuo (o presente progressivo), se usa la forma correcta del verbo **to be** + el gerundio del verbo (o el verbo con la terminación **-ing**).

El presente continuo del verbo **to play** *(jugar)*:

Singular			Plural		
I	**am playing**	*yo estoy jugando*	**we**	**are playing**	*nosotros/as estamos jugando*
you	**are playing**	*tú estas/ usted está jugando*	**you**	**are playing**	*ustedes están jugando*
he/she/it	**is playing**	*él/ella está jugando*	**they**	**are playing**	*ellos/ellas están jugando*

NOTAS

Para formar el presente continuo negativo, se escribe **not** entre el verbo **to be** y el gerundio (el verbo con la terminación **-ing**) para formar el gerundio en inglés.

I am not playing.
Yo no estoy jugando.

She is not playing.
Ella no está jugando.

They are not playing.
Ellos no están jugando.

Si el verbo termina con una consonante y una **e,** se quita la **e** y se añade **-ing**.

write–writing *(escribir–escribiendo)*
live–living *(vivir–viviendo)*
smile–smiling *(sonreír–sonriendo)*

Si el verbo termina en vocal y una consonante, excepto en los casos de la **w,** la **x,** y la **y,** se escribe la consonante dos veces y se añade -**ing.**

shop–shopping *(comprar–comprando)*
cut–cutting *(cortar–cortando)*
run–running *(correr–corriendo)*

Hay algunas excepciones a esta regla, por ejemplo, los verbos **listen** *(escuchar)* y **visit** *(visitar).*

listen–listening *(escuchar–escuchando)*
visit–visiting *(visitar–visitando)*
travel–traveling *(viajar–viajando)*

Si el verbo termina en dos vocales y una consonante, se añade -**ing.**

read–reading *(leer–leyendo)*
eat–eating *(comer–comiendo)*
clean–cleaning *(limpiar–limpiando)*

Si el verbo termina en dos o más consonantes, se añade -**ing.**

talk–talking *(hablar–hablando)*
watch–watching *(mirar–mirando)*
push–pushing *(empujar–empujando)*

PRÁCTICA 1
Llene los espacios con el presente continuo de los verbos que están entre paréntesis.

1. Carlos (clean) _____ the garage.
2. José and Luisa (play) _____ in the backyard.

3. I (read) _____ a book in my bedroom.

4. María and Carlos (listen, not) _____ to music.

5. Their parents (shop) _____.

6. John and Carlos (talk) _____ in the front yard.

7. My father (watch, not) _____ TV.

8. They (visit) _____ Carlos and his family.

9. Luisa and José (read, not) _____ a book.

10. My neighbor (cut) _____ the grass.

LISTA DE ORACIONES 2

I'm cleaning the garage.	*Estoy limpiando el garaje.*
You're grocery shopping.	*Usted está/Tú estás haciendo la compra.*
He's reading a book.	*Él está leyendo un libro.*
She's listening to music.	*Ella está escuchando música.*
They're writing a letter.	*Ellos están escribiendo una carta.*
We're watching TV.	*Nosotros/as estamos mirando la televisión.*
I'm cutting the grass.	*Estoy cortando el césped.*
He's living in New York.	*Él está viviendo en Nueva York.*
You're visiting your family.	*Usted está/Tú estás visitando a la familia.*
We're eating breakfast.	*Nosotros/as estamos desayunando.*
She's talking with a friend.	*Ella está hablando con un/a amigo/a.*
I'm not playing soccer.	*No estoy jugando al fútbol.*
You aren't reading a book.	*Usted no está/Tú no estás leyendo un libro.*
He isn't writing a letter.	*Él no está escribiendo una carta.*
We aren't cutting the grass.	*Nosotros/as no estamos cortando el césped.*

PRÁCTICA 2
Corrija las siguientes oraciones usando el presente contínuo.

1. She are eat breakfast.
2. They no watch TV.
3. We not cleaning the house.
4. He play soccer.
5. Your cousins visiting.

6. I amn't write letter.
7. He listening to music.
8. She is talk with a friend.
9. You is reading a book.
10. They cutting the grass.

Enlace interesante en la Internet
Randall's ESL Cyber Listening Lab

Vaya a este sitio en la Internet para practicar el inglés: www
.esl-lab.com. Es un laboratorio de audio que se llama **Randall's
ESL Cyber Listening Lab**. Escuche las conversaciones y haga las
pruebas que están al final. Es una manera excelente de mejorar su
inglés, especialmente si usted vive en un país donde no se habla
ese idioma.

RESPUESTAS PARA LAS PRÁCTICAS
PRÁCTICA 1: 1. is cleaning; **2.** are playing; **3.** am reading;
4. aren't listening; **5.** are shopping; **6.** are talking; **7.** isn't
watching; **8.** are visiting; **9.** aren't reading; **10.** is cutting

PRÁCTICA 2: 1. She is eating breakfast. **2.** They aren't watching
TV. **3.** We aren't cleaning the house. **4.** He is playing soccer.
5. Your cousins are visiting. **6.** I'm not writing a letter. **7.** He is
listening to music. **8.** She is talking with a friend. **9.** You are
reading a book. **10.** They are cutting the grass.

Cómo hacer preguntas y dar respuestas acerca de la familia

CONVERSACIÓN 1

Carlos y John son vecinos (recuerde que se conocieron en la Unidad 1). Están cortando el césped y paran un momento para charlar. Después de saludarse, John le pregunta a Carlos acerca de su familia.

John: Tell me about your family.

Carlos: My wife and I have two children—a boy and a girl.

John: How old are they?

Carlos: Our son, José, is thirteen years old, and our daughter, Luisa, is eleven.

John: That's nice. And your parents?

Carlos: My mother and father are living in Colombia.

John: Do you have any brothers and sisters?

Carlos: Yes, I have two brothers and three sisters.

John: Wow! That's a big family!

Carlos: Yes, it is!

John: *Cuéntame sobre tu familia.*

Carlos: *Mi esposa y yo tenemos dos hijos—una niña y un niño.*

John: *¿Cuántos años tienen?*

Carlos: *Nuestro hijo, José, tiene trece años, y nuestra hija, Luisa, tiene once años.*

John: *Qué bien. ¿Y tus padres?*

Carlos: *Mi madre y padre están viviendo en Colombia.*

John: *¿Tienes hermanos y hermanas?*

Carlos: *Sí, tengo dos hermanos y tres hermanas.*

John: *¡Wow! (exclamación de sorpresa) ¡Es una familia grande!*

Carlos: *Sí, lo es.*

NOTAS

Recuerde que cuando usted dice su edad, o la de otra persona, se usa el verbo **to be**. Después de la cifra de la edad, puede decir **years old** *(años de edad)* o puede omitirlo.

I am 35 years old.
Tengo 35 años de edad.

I am 35.
Tengo 35.

PRÁCTICA 1

Llene los espacios con la información de la conversación 1.

1. Carlos _____ children.

2. His daughter _____ years old.

3. His parents _____.

4. He _____ brothers.

5. He _____ sisters.

CONVERSACIÓN 2

Es sábado. John y Carlos se saludan mientras recogen su periódico enfrente de sus casas.

John: Hi, Carlos! How's your family?

Carlos: They're fine. Luisa and José are playing soccer in the backyard.

John: That sounds like fun!

Carlos: What are you and Julie doing today?

John: We're cleaning the house. It's a mess!

Carlos: Me, too. I'm cleaning the garage. It's hard work!

John: What about María? What's she doing today?

Carlos: She's grocery shopping.

John: Oh. Well, maybe we'll see you later.

Carlos: Okay. See you!

John:	¡Hola, Carlos! ¿Cómo está tu familia?
Carlos:	Bien. Luisa y José están jugando al fútbol en el patio de atrás.
John:	¡Qué divertido!
Carlos:	¿Qué van a hacer hoy tú y Julie?
John:	Estamos limpiando la casa. Hay mucho desorden.
Carlos:	Yo también. Estoy limpiando el garaje. ¡Es mucho trabajo!
John:	¿Y María? ¿Qué va a hacer hoy?
Carlos:	Está haciendo la compra.
John:	Ahhh. Bueno, tal vez nos veamos más tarde.
Carlos:	Está bien. ¡Hasta luego!

PUNTO GRAMATICAL 1
PREGUNTAS CON EL PRESENTE CONTINUO

Éste es el modelo para hacer preguntas con el presente continuo: Las palabras interrogativas (si son necesarias) + el verbo **to be** + sujeto + el gerundio del verbo (el verbo con la terminación **-ing**).

What am I reading?

¿Qué estoy leyendo?

What are you writing?

¿Qué está/estás escribiendo?

Is he playing?

¿Está jugando él?

What are we doing?

¿Qué estamos haciendo?

Why are you watching TV?

¿Por qué están mirando ustedes la TV?

Where are they eating breakfast?

¿Dónde están desayunando ellos/ellas?

¿Recuerda las palabras interrogativas de la Unidad 1: **Who** *(quién)*, **where** *(dónde)*, **when** *(cuándo)*, **how** *(cómo)*, **why** *(por qué)*?

PRÁCTICA 2
Llene los espacios con la información de la Conversación 2.

1. What is Luisa doing? She _____.

2. What is José doing? He _____.

3. What are John and Julie doing today? They _____.

4. What is María doing? She _____.

5. What is Carlos doing? He _____.

PRÁCTICA 3
Conteste las siguientes preguntas usando el presente continuo de los verbos y las palabras entre paréntesis (recuerde conjugar los verbos y añadir las palabras necesarias).

1. What are you doing now? (clean/my bedroom) _____.

2. What are your brothers doing? (play/soccer) _____.

3. What is your sister doing? (read/a newspaper) _____.

4. What is your father doing? (talk/with/his friend) _____.

5. What are you and your brother doing now? (eat/breakfast) _____.

Nota cultural
Preguntas acerca de la familia y la edad

En Estados Unidos, si usted está casado y alguien le pregunta sobre su familia, por lo general se refieren a su esposo/a y a sus hijos. También, a muchos adultos estadounidenses no les gusta decir su edad. Está bien preguntar la edad de los niños, pero no la edad de los adultos.

RESPUESTAS PARA LAS PRÁCTICAS

PRÁCTICA 1: 1. has two; **2.** is eleven; **3.** are living in Colombia; **4.** has two; **5.** has three

PRÁCTICA 2: 1. is playing soccer; **2.** is playing soccer; **3.** are cleaning the house; **4.** is grocery shopping; **5.** is cleaning the garage

PRÁCTICA 3: 1. I am cleaning my bedroom. **2.** They are playing soccer. **3.** She is reading a newspaper. **4.** He is talking with his friend. **5.** We are eating breakfast.

LO ESENCIAL DE LA UNIDAD 2

Éstas son algunas frases y oraciones esenciales de la Unidad 2 para repasar.

Tell me about your family.	*Cuénteme/Cuéntame sobre su/tu familia.*
Are you married?	*¿Está/Estás casado/a?*
Yes, I am (married).	*Sí, estoy casado/a.*
No, I'm not (married).	*No, no estoy casado/a.*
Do you have any children?	*¿Tiene/Tienes hijos/niños?*
Yes, I have three children.	*Sí, tengo tres hijos/niños.*
How's your family?	*¿Cómo está su/tu familia?*
They're fine, thanks.	*Ellos/Ellas están bien, gracias.*
What are you doing?	*¿Qué está/s haciendo?*
I'm watching TV.	*Estoy mirando la televisión.*
Are they listening to music?	*¿Están ellos/as escuchando música?*
Yes, they are listening to it.	*Sí, están escuchándola.*
No, they aren't listening to it.	*No, no están eschuchándola.*
What does she look like?	*¿Cómo es ella?*
She is tall and has brown hair and green eyes.	*Ella es alta y tiene el pelo castaño y los ojos verdes.*

UNIDAD 3
La rutina diaria; lo que le gusta y no le gusta hacer

Hasta ahora usted ha aprendido a presentárse ante alguien, a hablar sobre usted mismo, sobre su casa, su familia, y otras personas. En esta unidad va a aprender a describir la rutina diaria: levantarse, ducharse y vestirse. En la Unidad 2, usted aprendió el tiempo presente contínuo del verbo. En esta unidad va a aprender el tiempo presente del verbo.

───────── Lección 9 (palabras) ─────────

La rutina diaria

Añada estos verbos a su fichero de tarjetas.

LISTA DE PALABRAS 1

to go	*ir*
to study	*estudiar*
to bring	*traer*
to like	*gustar*
to work	*trabajar*
to walk	*caminar*
to watch	*mirar*
to want	*querer*
to need	*necesitar*
to wash	*lavar*
to put	*poner*
to shave	*afeitar, afeitarse*
to eat	*comer*
to sleep	*dormir*

to make	*hacer*
to do	*hacer*

PUNTO GRAMATICAL 1

LOS ADVERBIOS DE FRECUENCIA

Para describir la rutina diaria y qué tan a menudo se hace, se pueden utilizar los adverbios de frecuencia. He aquí una lista de estos adverbios en orden de frecuencia, de nunca a siempre.

never	*nunca*
rarely, seldom	*raramente, pocas veces*
sometimes	*algunas veces*
often	*a menudo, muchas veces*
usually	*usualmente, generalmente, por lo regular*
always	*siempre*

PRÁCTICA 1

¿Qué tan a menudo hace usted las siguientes actividades? Escriba en los espacios los adverbios adecuados.

1. Le gusta leer _____.

2. Desayunar _____.

3. Se pone calcetines negros con pantalones cortos _____.

4. Acepta errores _____.

5. Se acuesta temprano _____.

6. Mira la televisión mientras come _____.

7. Prepara su propia cena _____.

8. Se ducha por la noche _____.

9. Se queda levantado hasta la medianoche _____.

10. Le pone azúcar al café _____.

LISTA DE PALABRAS 2

LOS DÍAS

Monday	*lunes*
Tuesday	*martes*
Wednesday	*miércoles*
Thursday	*jueves*
Friday	*viernes*
Saturday	*sábado*
Sunday	*domingo*

LOS MESES

January	*enero*
February	*febrero*
March	*marzo*
April	*abril*
May	*mayo*
June	*junio*
July	*julio*
August	*agosto*
September	*septiembre*
October	*octubre*
November	*noviembre*
December	*diciembre*

NOTAS

Fíjese que en inglés los meses del año y los días de la semana se escriben con letras mayúsculas.

PUNTO GRAMATICAL 2
Las preposiciones de tiempo

at	*en, a*
in	*en*
on	*en*
from . . . to	*de . . . a, desde . . . a*

Mire las siguientes oraciones y aprenda algunas reglas de los usos de **at, in, on,** y **from . . . to.**

We have class at night. (**at** delante de **night**)
Nosotros tenemos clase por la noche.

We have class at 1:00. (**at** delante de una hora específica)
Nosotros tenemos clase a la 1:00.

We have class in January. (**in** delante de un mes específico)
Nosotros tenemos clase en enero.

We have class in the morning. (**in** delante de **the morning**)
Nosotros tenemos clase por la mañana.

We have class in the evening. (**in** delante de **the evening**)
Nosotros tenemos clase por la noche.

We have class in the afternoon. (**in** delante de **the afternoon**)
Nosotros tenemos clase por la tarde.

We have class on Monday.   (**on** delante de un día específico de
Nosotros tenemos clase el lunes.   la semana)

We have class on September 2. (**on** delante de una fecha específica)
Nosotros tenemos clase el 2 de septiembre.

We have class from 1:00 to 3:00.
Nosotros tenemos clase de 1:00 a 3:00.

(**from** delante de una hora, fecha o día específico + **to** delante de una hora, fecha o día específico)

PRÁCTICA 2
Llene los espacios con **at, in, on,** o **from . . . to.**

1. My birthday is _____ Thursday.

2. Carlos has class _____ 3:00 p.m.

3. We have class _____ the evening.

4. María's class is _____ September 5 _____ December 11.

5. Julie's birthday is _____ September.

RESPUESTAS PARA LAS PRÁCTICAS
PRÁCTICA 1: 1–10: never, rarely, sometimes, often, usually, *o* always

PRÁCTICA 2: 1. on; **2.** at; **3.** in; **4.** from, to; **5.** in

---
Lección 10 (frases)

Hablando de la rutina diaria

En esta lección usted va a aprender algunas frases para describir la rutina diaria. También va a aprender el tiempo presente del verbo.

LISTA DE FRASES 1

to get up	*levantarse*
to get dressed	*vestirse, ponerse la ropa*
to get undressed	*desvestirse, quitarse la ropa*
to brush my teeth	*lavarse los dientes*
to brush my hair	*peinarse*

to make breakfast (lunch, dinner)	*hacer el desayuno (el almuerzo, la cena)*
to have breakfast, to eat breakfast	*desayunar*
to wash my face	*lavarse la cara*
to take a shower	*ducharse*
to put on makeup	*maquillarse*
to go to bed	*acostarse*
to go to sleep	*dormirse*
to have coffee, to drink coffee	*tomar café, beber café*

PUNTO GRAMATICAL 1
EL TIEMPO PRESENTE DEL VERBO

El tiempo presente del verbo **to eat** *(comer)*:

Singular			Plural		
I	eat	*yo como*	we	eat	*nosotros comemos*
you	eat	*tú comes/ usted come*	you	eat	*ustedes comen*
he/she/it	eats	*él/ella come*	they	eat	*ellos/ellas comen*

NOTAS

Con **he/she/it,** se añade una **s, es,** o **ies** al verbo, usando las mismas reglas que se usan para formar el plural de los sustantivos (consulte la Unidad 2 para repasar estas reglas). He aquí dos excepciones: el verbo **to go** *(ir)*–**goes** y el verbo **to do** *(hacer)*–**does.**

Utilice el tiempo presente del verbo para expresar la rutina y las actividades que acostumbra a hacer **often** *(a menudo)*, **seldom** *(rara vez)*, **never** *(nunca)*, **always** *(siempre)*, **sometimes** *(algunas veces)*, **every day** *(todos los días)*, en ciertos días o a ciertas horas.

I usually eat breakfast in the morning.
Usualmente desayuno por la mañana.

She eats lunch at 12:30 p.m.
Ella almuerza a las 12:30 de la tarde.

They eat dinner in the evening.
Ellos cenan por la noche.

Fíjese que los adverbios de frecuencia generalmente van después del sujeto, como **I usually eat breakfast.**

El tiempo presente del verbo también se utiliza para expresar cosas que generalmente son ciertas.

Carlos speaks Spanish.
Carlos habla español.

It snows in Boston in the winter.
En Boston nieva en el invierno.

I work in a factory.
Yo trabajo en una fábrica.

PRÁCTICA 1
Llene los espacios con la forma del tiempo presente de los verbos que están entre paréntesis.

1. Carlos usually (eat) _____ breakfast at 9:00 a.m.

2. Carlos and María often (watch) _____ TV in the afternoon.

3. Juan and I rarely (walk) _____ in the evening.

4. Teresa always (wash) _____ her face at night.

5. María and I sometimes (go) _____ to bed at 12:00 a.m.

6. María's uncle (take) _____ the bus on Tuesdays.

7. My niece and nephew (get) _____ up at 6:30 a.m.

8. Juan (make) _____ breakfast every day.

9. Margarita's children (play) _____ soccer every morning.

10. She always (brush) _____ her hair in the morning.

LISTA DE FRASES 2

to do homework	*hacer la tarea*
to do laundry	*lavar la ropa*
to clean the house, to clean the apartment	*limpiar la casa, limpiar el apartamento*
to wash the dishes	*lavar los platos*
to feed the baby	*darle de comer al bebé*
to feed the cat	*darle de comer al gato*
to walk the dog	*sacar a caminar al perro*
to sweep the floor	*barrer el piso*
to take the bus	*tomar el autobús*
to go to work	*ir a trabajar*
to drive to work	*manejar al trabajo, conducir al trabajo*
to go to school	*ir al colegio, ir a la escuela*
to leave work	*salir del trabajo*
to come home	*llegar a casa*
to get home	*ir a casa, llegar a casa*

PUNTO GRAMATICAL 2

FORMA NEGATIVA DEL TIEMPO PRESENTE DE LOS VERBOS

Para formar el negativo en el tiempo presente, se utiliza **do/does** con el verbo. Siga este modelo: sujeto + **do/does** + **not** + el verbo sin conjugar.

La forma negativa del tiempo presente del verbo **to eat** *(comer)*:

Singular			Plural		
I	**do not eat, don't eat**	*yo no como*	**we**	**do not eat, don't eat**	*nosotros no comemos*
you	**do not eat, don't eat**	*tú no comes, usted no come*	**you**	**do not eat, don't eat**	*ustedes no comen*
he/she/it	**does not eat, doesn't eat**	*él/ella no come*	**they**	**do not eat, don't eat**	*ellos/ellas no comen*

En las conversaciones es común contraer **do not** para formar **don't** y **does not** para formar **doesn't.**

Cuando el sujeto es **he, she,** o **it** se usa **does not** o **doesn't,** pero no se le pone una **s** al final del verbo principal. Es decir, que el verbo se queda sin conjugar.

She eats.
Ella come.

She doesn't eat.
Ella no come.

He listens.
Él escucha.

He doesn't listen.
Él no escucha.

Cuando se utiliza **never** y **rarely,** no se utiliza la forma negativa del verbo, pues estos adverbios ya son negativos.

Correcto:

I never eat breakfast.
Yo nunca desayuno.

Incorrecto:

I never don't eat breakfast.
Yo nunca no desayuno.

PRÁCTICA 2
Llene los espacios con la forma negativa de los verbos que están entre paréntesis.

Ex. María (like, not) <u>doesn't like</u> coffee.

1. Carlos usually (drive, not) _____ to work.

2. John and Julie (go, not) _____ to school.

3. Luisa and José usually (make, not) _____ breakfast.

4. Luisa usually (put, not) _____ on makeup.

5. José sometimes (do, not) _____ homework.

6. Carlos and María (live, not) _____ in New York.

7. Carlos and María usually (wash, not) _____ the dishes.

8. Luisa and José usually (do, not) _____ the laundry.

9. José sometimes (eat, not) _____ breakfast.

RESPUESTAS PARA LAS PRÁCTICAS
PRÁCTICA 1: 1. eats; **2.** watch; **3.** walk; **4.** washes; **5.** go;
6. takes; **7.** get; **8.** makes; **9.** play; **10.** brushes

PRÁCTICA 2: **1.** doesn't drive; **2.** don't go; **3.** don't make; **4.** doesn't put; **5.** doesn't do; **6.** don't live; **7.** don't wash; **8.** don't do; **9.** doesn't eat

--- Lección 11 (oraciones) ---

Cómo hacer preguntas y dar respuestas sobre la rutina diaria

Ahora vamos a poner las palabras y frases juntas para formar oraciones.

LISTA DE ORACIONES 1

Do you speak English?	*¿Habla usted inglés?/¿Hablas tú inglés?*
Yes, I do (speak English).	*Sí, hablo inglés.*
Only a little.	*Sólo un poco.*
Does she usually drive to work?	*¿Conduce ella al trabajo usualmente?*
No, she doesn't (usually drive to work).	*No, no conduce al trabajo usualmente.*
Do they go to school?	*¿Ellos estudian?/¿Ellos van a la escuela?*
Yes, they do (go to school).	*Sí, ellos estudian./Sí, ellos van a la escuela.*
Do you and Carlos live in New York?	*¿Viven usted y Carlos en Nueva York?/ ¿Viven tú y Carlos en Nueva York?*
No, we don't (live in New York).	*No, no vivimos en Nueva York.*
Do they ever drink coffee?	*¿Toman ellos café alguna vez?*
Yes, they do (sometimes drink it).	*Sí, lo toman algunas veces.*
Does she ever walk the dog?	*¿Camina ella con el perro alguna vez?*
No, she doesn't (walk the dog).	*No, ella no camina con el perro.*
Do you ever watch TV?	*¿Mira/Miras la televisión alguna vez?*
Yes, I do (watch it).	*Si, la miro.*

PUNTO GRAMATICAL 1
Preguntas de "sí o no" en el tiempo presente

Fíjese que las preguntas de la Lista de oraciones 1 requieren una respuesta con un **yes** *(sí)* o un **no** *(no)*. Este tipo de pregunta se llama una pregunta de "sí o no". Se forma la pregunta de esta manera: **Do/Does** + sujeto + el verbo sin conjugar?

Do they listen to music?
¿Escuchan ellos música?

Does she listen to music?
¿Escucha ella música?

Do you listen to music?
¿Escucha usted música?/¿Escuchas tú música?

En inglés es muy común responder a estas preguntas con respuestas cortas utilizando **do/does,** como, **Yes, I do** o **No, I don't.**

Do you drive to work?
¿Conduces a tu trabajo?

Yes, I do (drive to work).
Sí, conduzco a mi trabajo.

Do you live in Miami?
¿Vives en Miami?

No, I don't (live in Miami).
No, no vivo en Miami.

Does she watch TV?
¿Mira ella la televisión?

No, she doesn't (watch it).
No, no la mira.

PRÁCTICA 1
Cambie las siguientes afirmaciones a preguntas de "sí o no".

1. She takes the bus.

2. They usually wash the dishes.

3. Carlos works in the city.

4. Carlos and María have two children.

5. María drinks coffee.

PRÁCTICA 2
Lea lo siguiente.

Carlos usually gets up at 6 a.m. He takes a shower and gets dressed. He often doesn't eat breakfast. He usually takes the bus. He doesn't drive to work. He often has coffee in the morning. He works from 9 a.m. to 6 p.m. He usually eats lunch at 12:30. He leaves work at 6 p.m. He usually gets home at 6:30. He usually doesn't make dinner. María usually makes dinner. Luisa and Jose usually wash the dishes.

Conteste las siguientes preguntas con respuestas cortas basadas en la lectura anterior.

Ej. Does Carlos get up at 6 a.m.?
    Yes, he does.

1. Does he take a shower?

2. Does he drive to work?

3. Does he drink coffee in the morning?

4. Does he eat lunch at 12:00?

5. Does he get home at 6 p.m.?

6. Does he make dinner?

7. Does María wash the dishes?

LISTA DE ORACIONES 2

What do you usually do on Saturdays?	*¿Qué hace usted/haces tú usualmente los sábados?*
I usually go to the park.	*Usualmente voy al parque.*
Where does she work?	*¿Dónde trabaja ella?*
She works in the city.	*Ella trabaja en la ciudad.*
What do you want to do?	*¿Qué quiere/quieres hacer?*
I want to go to the park.	*Quiero ir al parque.*
What do you like to do?	*¿Qué le/te gusta hacer?*
I like to read.	*Me gusta leer.*
What do you like doing?	*¿Qué le/te gusta hacer?*
I like reading.	*Me gusta leer.*
What does she like to do?	*¿Qué le gusta hacer a ella?*
She likes to listen to music.	*Le gusta escuchar música.*
What does she like doing?	*¿Qué le gusta hacer a ella?*
She likes listening to music.	*Le gusta escuchar música.*

Notas

La forma en que se construyen las preguntas de esta lista (preguntas que solicitan información, o preguntas de información), es la misma forma que se utiliza para hacer las preguntas de "sí o no", excepto que estas preguntas llevan una palabra interrogativa, como **what** *(qué)* o **where** *(dónde)*, delante de **do/does**.

PUNTO GRAMATICAL 2
Cómo expresar lo que le gusta y lo que no le gusta

Para expresar algo que le gusta hacer, puede utilizar los siguientes modelos: sujeto + **like/likes** + el infinitivo del verbo (**to** + el verbo sin conjugar), o, sujeto + **like/likes** + el gerundio del verbo (el verbo con la terminación **-ing**).

	Singular			Plural	
I	like to read, like reading	*me gusta leer*	we	like to read, like reading	*nos gusta leer*
you	like to read, like reading	*le gusta leer (a usted), te gusta leer (a ti)*	you	like to read, like reading	*les gusta leer (a ustedes)*
he/she/it	likes to read, likes reading	*le gusta leer (a él/ella)*	they	like to read, like reading	*les gusta leer (a ellos/ellas)*

Para expresar algo que no le gusta hacer, puede utilizar el siguiente modelo:

Sujeto + **don't like/doesn't like** + el infinitivo del verbo (**to** + el verbo sin conjugar), o,

Sujeto + **don't/doesn't like** + el gerundio del verbo (el verbo con la terminación **-ing**).

	Singular			Plural	
I	don't like to read, don't like reading	*no me gusta leer*	we	don't like to read, don't like reading	*no nos gusta leer*

Singular			Plural		
you	**don't like to read, don't like reading**	*no le/te gusta leer*	**you**	**don't like to read, don't like reading**	*no les gusta leer (a ustedes)*
he/she	**doesn't like to read, doesn't like reading**	*no le gusta leer (a él/ella)*	**they**	**don't like to read, don't like reading**	*no les gusta leer (a ellos/ ellas)*

PRÁCTICA 3

Llene los espacios con las formas correctas de los verbos que están entre paréntesis, para expresar lo que le gusta o no le gusta.

Ej. Carlos (like, not, clean) <u>doesn't like to clean/doesn't like cleaning</u> the house.

1. José (like, not, play) _____ in the backyard.

2. I (like, not, read) _____.

3. María and Carlos (like, listen) _____ to music.

4. Their parents (like, not, shop) _____.

5. John and Carlos (like, talk) _____ in the front yard.

6. My father (like, watch) _____ TV.

7. They (like, visit) _____ their family.

8. Luisa and José (like, study) _____ English.

9. My neighbors (like, not, cut) _____ the grass.

PRÁCTICA 4

Corrija las siguientes oraciones usando el tiempo presente del verbo.

1. I no like to play soccer.

2. She don't put on makeup.

3. We usually drives to work.

4. He usually doesn't makes breakfast.

5. Carlos and María doesn't live in New York.

6. Jose sometimes eat breakfast.

7. Luisa and Jose washes the dishes in the evening.

8. I like go to the park.

9. He work in the city.

10. Does they drink coffee?

Enlace interesante en la Internet
The Internet TESL Journal

Este sitio, **The Internet TESL Journal** (www.iteslj.org), tiene cola-boraciones de muchos profesores. Visite esta página web en la Internet para practicar el inglés: **Activities for ESL Students** (*Actividades para los estudiantes de inglés como segunda lengua*) en http://a4esl.org/. Hay pruebas de gramática y vocabulario, exámenes, y rompecabezas para ayudarle en el aprendizaje del inglés.

RESPUESTAS PARA LAS PRÁCTICAS

PRÁCTICA 1: 1. Does she take the bus? **2.** Do they usually wash the dishes? **3.** Does Carlos work in the city? **4.** Do Carlos and María have two children? **5.** Does María drink coffee?

PRÁCTICA 2: 1. Yes, he does. **2.** No, he doesn't. **3.** Yes, he does. **4.** No, he doesn't. **5.** No, he doesn't. **6.** No, he doesn't. **7.** No, she doesn't.

PRÁCTICA 3: 1. doesn't like to play/doesn't like playing; **2.** don't like to read/don't like reading; **3.** like to listen/like listening; **4.** don't like to shop/don't like shopping; **5.** like to talk/like talking; **6.** likes to watch/likes watching; **7.** like to visit/like visiting; **8.** like to study/like studying; **9.** don't like to cut/don't like cutting

PRÁCTICA 4: 1. I don't like to play soccer. **2.** She doesn't put on makeup. **3.** We usually drive to work. **4.** He usually doesn't make breakfast. **5.** Carla and María don't live in New York. **6.** José sometimes eats breakfast. **7.** Luisa and José wash the dishes in the evening. **8.** I like going to the park./I like to go to the park. **9.** He works in the city. **10.** Do they drink coffee?

——— Lección 12 (conversaciones) ———

Cómo hacer preguntas y dar respuestas acerca de la familia

CONVERSACIÓN 1

Carlos y John están hablando sobre sus horarios de trabajo.

Carlos:	**Do you ever drive to work?**
John:	**Yes, I do. But I usually take the bus. How about you?**
Carlos:	**I never drive to work. I always take the bus. María usually uses our car in the morning. She drives the kids to school.**
John:	**When do you go to work?**
Carlos:	**I usually go to work at 8:00. How about you?**
John:	**Me, too. Where do you work?**
Carlos:	**I work in the city.**
John:	**Me, too! When do you leave work?**
Carlos:	**I work from 9:00 a.m. to 6:00 p.m. How about you?**

John:	I usually leave work at 7 p.m. and get home at 8 p.m.
Carlos:	That's a long day!
John:	You're right!

Carlos:	¿Conduces tu automóvil al trabajo alguna vez?
John:	Sí, conduzco al trabajo. Pero generalmente tomo el autobús. ¿Y tú?
Carlos:	Yo nunca conduzco mi automóvil al trabajo. Siempre tomo el autobús. Por lo regular María utiliza nuestro automóvil por la mañana. Ella lleva a los niños a la escuela.
John:	¿Cuándo sales para el trabajo?
Carlos:	Usualmente salgo a las 8:00. ¿Y tú?
John:	Yo también. ¿Dónde trabajas?
Carlos:	Trabajo en la ciudad.
John:	¡Yo también! ¿A qué hora sales del trabajo?
Carlos:	Trabajo de 9:00 a.m. a 6:00 p.m. ¿Y tú?
John:	Generalmente salgo del trabajo a las 7:00 p.m. y llego a casa a las 8:00 p.m.
Carlos:	¡Qué día tan largo!
John:	¡Tienes razón!

NOTAS

En las conversaciones informales se suele utilizar el término **kids** (niños) cuando se refiere a **children** (niños).

PRÁCTICA 1

Conteste las siguientes preguntas sobre la conversación 1.

1. Does Carlos drive to work?

2. What does María do in the morning?

3. When does Carlos go to work?

4. Where do Carlos and John work?

5. When does John get home?

CONVERSACIÓN 2

Julie y María son vecinas. Están hablando en el jardín del frente de sus casas.

Julie: Do you like going to the park?

María: Yes, we do. Carlos and I often go to the park. How about you?

Julie: We do, too. We usually bring some sandwiches and have a picnic.

María: Do you usually bring your children?

Julie: Yes, we do. They like to play volleyball in the park.

María: Our kids don't like playing volleyball, but they like going to the park.

Julie: What are they doing now?

María: Nothing much. They usually go to the movies on Saturdays, but today they're staying home.

Julie: Do you want to go to the park?

María: Sure!

Julie: I need to do laundry, so let's meet there. Okay?

María: Sounds great. See you there!

Julie: *¿Te gusta ir al parque?*

María: *Sí, me gusta. Carlos y yo vamos al parque a menudo. Y a ustedes, ¿les gusta?*

Julie: *A nosotros también nos gusta. Generalmente llevamos sándwiches y merendamos.*

María: *¿Sueles llevar a los niños?*

Julie: *Sí, a ellos les gusta jugar al voleibol en el parque.*

María: *A nuestros hijos no les gusta jugar al voleibol, pero les gusta ir al parque.*

Julie: *¿Qué están haciendo ellos ahora?*

María: *Nada. Generalmente van al cine los sábados, pero hoy se quedaron en casa.*

Julie: *¿Te gustaría ir al parque?*

María: *¡Claro!*

Julie: Yo necesito lavar la ropa, entonces encontrémonos allá. ¿Está bien?

María: Muy bien. ¡Nos vemos allá!

PRÁCTICA 2

Conteste las siguientes preguntas sobre la Conversación 2.

1. Does María like going to the park?

2. Do Julie's children like to play volleyball?

3. Do María's children like to play volleyball?

4. What do María's children usually do on Saturdays?

5. What do Julie and María want to do?

PUNTO GRAMATICAL 1

CUÁNDO USAR EL TIEMPO PRESENTE Y EL PRESENTE CONTÍNUO

En la Unidad 2 usted aprendió el tiempo presente contínuo del verbo y en esta unidad aprendió el tiempo presente del verbo. He aquí una comparación entre los dos tiempos.

El presente contínuo se utiliza para expresar acciones que están ocurriendo en este mismo momento, de manera progresiva en un momento determinado. El tiempo presente se utiliza para expresar lo habitual, lo usual y verdades absolutas.

I am reading now.

Estoy leyendo en este momento.

I usually read at night.

Usualmente/Generalmente leo por la noche.

She is watching TV now.

Ella está mirando la televisión ahora.

She often watches TV in the evening.

Ella mira la televisión por la noche a menudo.

You are speaking English now.

Usted está/Tú estás hablando inglés ahora.

You speak English well!

¡Usted habla/Tú hablas inglés bien!

PRÁCTICA 3

Llene los espacios con el tiempo presente o el presente contínuo de los verbos que están entre paréntesis.

Ej. I (walk) <u>walk</u> to school every day.

1. John is in the kitchen. He (make) _____ dinner.

2. Carlos and John are in the front yard. They (talk) _____.

3. John (do) _____ laundry in the morning.

4. Julie and I (work) _____ in the city.

5. What (you, like) _____ to do on Fridays?

6. What (you, do) _____ now?

7. María and Carlos usually (bring) _____ their kids to the park on Sundays.

8. They (like, not) _____ doing laundry.

9. She (put) _____ on makeup right now.

RESPUESTAS PARA LAS PRÁCTICAS

PRÁCTICA 1: 1. No, he doesn't. **2.** She drives the kids to school. **3.** He usually goes to work at 8:00. **4.** They work in the city. **5.** He usually gets home at 8:00 p.m.

PRÁCTICA 2: 1. Yes, she does. **2.** Yes, they do. **3.** No, they don't. **4.** They usually go to the movies. **5.** They want to go to the park.

PRÁCTICA 3: 1. is making; **2.** are talking; **3.** does; **4.** work; **5.** do you like; **6.** are you doing; **7.** bring; **8.** don't like; **9.** is putting

LO ESENCIAL DE LA UNIDAD 3

Éstas son algunas frases y oraciones esenciales de la Unidad 3 para repasar.

Do you speak English?	¿Habla usted/Hablas tú inglés?
Yes, I do (speak English).	Sí, yo hablo inglés.
Only a little.	Sólo un poco.
Where do you work?	¿Dónde trabaja usted/trabajas tú?
I work in the city.	Yo trabajo en la ciudad.
Do you like going to the park?	¿Le gusta/Te gusta ir al parque?
Yes, I do (like it).	Sí, me gusta.
Do you like to watch TV?	¿Le gusta/Te gusta mirar la tele?
No, I don't (like it).	No me gusta.
What do you like to do on Sundays?	¿Qué le/te gusta hacer los domingos?
I like to go to the park.	Me gusta ir al parque.
What do you want to do?	¿Qué quiere hacer usted?/¿Qué quieres hacer?
I want to listen to music.	Quiero escuchar música.
I don't like shopping.	No me gusta ir de compras.

UNIDAD 4
El cuerpo y la salud

En esta unidad usted va a aprender a hablar sobre su cuerpo y sobre lo que concierne a su salud. Va a aprender las partes del cuerpo, enfermedades comunes, a hacer preguntas sobre su cuerpo y a responder preguntas sobre su salud y la salud de otras personas.

──────────── Lección 13 (palabras) ────────────

Las partes del cuerpo y las enfermedades comunes

Haga tarjetas con estas palabras y añádalas a su fichero.

LISTA DE PALABRAS 1

body	*el cuerpo*
head	*la cabeza*
hair	*el pelo*
ear	*la oreja, el oído*
mouth	*la boca*
tooth, teeth	*el diente, los dientes*
eye	*el ojo*
face	*la cara*
nose	*la nariz*
back	*la espalda*
arm	*el brazo*
hand	*la mano*
finger	*el dedo*
foot	*el pie*
leg	*la pierna*

PUNTO GRAMATICAL 1
Pronombres personales con función de complemento

En las Unidades 1 y 2 usted aprendió los pronombres con función de sujeto y los adjetivos posesivos. He aquí un repaso de esos pronombres y la introducción de los pronombres en inglés con función de complemento.

Singular			Plural		
Subject pronouns	Possessive adjectives	Object pronouns	Subject pronouns	Possessive adjectives	Object pronouns
I	my	me	we	our	us
you	your	you	you	your	you
he	his	him	they	their	them
she	her	her			
it	its	it			

Generalmente, una oración típica en inglés sigue este modelo: sujeto + verbo + complemento.

Carlos knows John.
Carlos conoce a John.

En esta oración, **Carlos** es el sujeto, **knows** es el verbo, y **John** es el complemento del verbo. El sujeto y el complemento se pueden reemplazar con los pronombres correspondientes.

Carlos knows John. He knows him.
Carlos conoce a John. Él lo conoce.

PRÁCTICA 1

Reemplace el sujeto y el complemento con los pronombres correspondientes.

Ej. María is talking with Julie.
   She is talking with her.

1. José is reading a book.

2. José is playing soccer with the neighbors.

3. Luisa likes her cousins.

4. John doesn't like his car.

5. Carlos is visiting John and me.

6. María and I usually eat breakfast at 8:00 a.m.

7. Carlos wants to talk with you and John.

8. You and I need to talk with Carlos.

9. Carlos's niece wants to visit you.

LISTA DE PALABRAS 2

headache	*dolor de cabeza*
stomachache	*dolor de estómago*
sore throat	*dolor de garganta*
fever	*fiebre*
cough	*tos*
cold	*resfriado*
runny nose	*nariz que moquea*
congested	*congestionado/a*
the chills	*escalofrío*
to sneeze	*estornudar*
to bleed	*sangrar*
to hurt	*doler*
to cut	*cortar*

| to break | romperse, fracturarse |
| to feel | sentir, sentirse |

PUNTO GRAMATICAL 2

Las palabras de enlace AND, BUT, Y SO

Al igual que en español, el inglés tiene ciertas palabras de enlace.
He aquí tres de ellas.

and	y
but	pero
so	así que, por consiguiente, por lo tanto, entonces

Fíjese que **and** se usa para añadir algo, **but** se usa para expresar
contraste, y **so** se usa para expresar causa y efecto.

Mark has three children, and Carlos has two children.
Mark tiene tres hijos, y Carlos tiene dos hijos.

Julie has a car, but Luisa doesn't have a car.
Julie tiene un auto, pero Luisa no tiene un auto.

José is a child, so he goes to school.
José es un niño, así que asiste a la escuela.

PRÁCTICA 2

Llene los espacios con **and, but,** o **so.**

1. Carlos usually takes the bus, _____ today he is driving to work.

2. Carlos is driving to work, _____ María doesn't have the car.

3. Carlos is from Colombia, _____ his wife is from Guatemala.

4. María's niece is from Guatemala, _____ she speaks Spanish.

5. Julie is from New York, _____ she speaks a little Spanish.

RESPUESTAS PARA LAS PRÁCTICAS

PRÁCTICA 1: 1. He is reading it. **2.** He is playing soccer with them. **3.** She likes them. **4.** He doesn't like it. **5.** He is visiting us. **6.** We usually eat it at 8:00 a.m. **7.** He wants to talk with you and him. **8.** We need to talk with him. **9.** She wants to visit you.

PRÁCTICA 2: 1. but; **2.** so; **3.** but/and; **4.** so/and; **5.** but/and

------------------ Lección 14 (frases) ------------------

Cómo describir problemas de salud y sus tratamientos

He aquí algunas frases que describen problemas comunes de salud y sus tratamientos.

LISTA DE FRASES 1

to blow your nose	*sonarse la nariz*
to take some medicine	*tomar alguna medicina/algún medicamento*
to give him/her some medicine	*darle a él/ella alguna medicina, darle a él/ella algún medicamento*
to take an aspirin	*tomar una aspirina*
to drink plenty of fluids	*tomar mucho líquido, beber mucho líquido*
to get some rest	*descansar*
to put on a bandage	*ponerse una venda*
to have a headache	*tener dolor de cabeza*
to feel sick	*sentirse enfermo, sentirse mal*
to have a stuffy nose	*tener la nariz congestionada*
to feel dizzy	*sentirse mareado, estar mareado*
to feel nauseous	*sentirse con náuseas, tener náuseas*
to throw up	*vomitar*
to take some cough drops	*tomar pastillas para la tos*
to take some throat lozenges	*tomar pastillas para la garganta, chupar pastillas para la garganta*

PUNTO GRAMATICAL 1
CÓMO UTILIZAR SOME Y ANY *(ALGÚN/ALGUNA, ALGUNOS/ALGUNAS)*
Utilice **some** con enunciados positivos (oraciones positivas) y **any** con enunciados negativos (oraciones negativas).

I need some medicine.
Necesito alguna medicina.

I don't need any medicine.
No necesito ninguna medicina.

He is taking some throat lozenges.
Él está tomando algunas pastillas para la garganta.

He isn't taking any throat lozenges.
Él no está tomando ninguna pastilla para la garganta.

PRÁCTICA 1
Llene los espacios con **some** o **any**.

1. Carlos is talking with _____ friends.

2. María doesn't have _____ aspirin.

3. John and Julie like to watch _____ TV.

4. He doesn't need _____ medicine.

5. They don't have _____ children.

LISTA DE FRASES 2
La lista de frases incluye algunos problemas de salud y también algunas observaciones que el doctor hace durante un examen médico.

to have an allergic reaction	*tener una reacción alérgica*
to have a heart attack	*tener un ataque cardíaco*
to break your leg	*romperse/fracturarse la pierna*

to twist your ankle	*torcerse el tobillo*
to scrape your knee	*rasparse la rodilla*
to cut your finger	*cortarse un dedo*
to see a doctor	*ir (ver) al médico*
to take your temperature	*tomarle la temperatura*
to give a shot	*ponerle una inyección*
to check your blood pressure	*revisarle la presión*
to check your pulse	*revisarle el pulso*
to measure your weight	*pesarse*
to measure your height	*medir su estatura*
to check your eyes	*examinar sus ojos*
to have a checkup	*hacerse un examen de rutina*

PRÁCTICA 2

Trace una línea del problema de salud al tratamiento correspondiente.

1. You have a headache.	a. Put on a bandage.
2. You have a fever.	b. Blow your nose.
3. You cut your finger.	c. Drink plenty of fluids.
4. You feel sick.	d. Take your temperature.
5. You have a cold.	e. See a doctor.
6. You have a bad flu.	f. Get some rest.
7. You have a runny nose.	g. Take an aspirin.

RESPUESTAS PARA LAS PRÁCTICAS

PRÁCTICA 1: 1. some; 2. any; 3. some; 4. any; 5. any

PRÁCTICA 2: 1. g; 2. d; 3. a; 4. f; 5. c; 6. e; 7. b

Lección 15 (oraciones)

Cómo describir su salud y dar consejos

Ahora vamos a juntar las palabras y frases para formar oraciones.

LISTA DE ORACIONES 1

What's the matter?	*¿Qué le/te pasa?/¿Cómo se siente/te sientes?*
My throat hurts.	*Me duele la garganta.*
I have a sore throat.	*Tengo dolor de garganta.*
I have the chills.	*Tengo escalofrío/os.*
I'm sorry to hear that.	*Lo siento.*
What's the matter with him?	*¿Qué le pasa a él?/¿Cómo se siente él?*
He has a fever.	*Él tiene fiebre.*
He's sick.	*Él está enfermo.*
What's the matter with her?	*¿Qué le pasa a ella?/¿Cómo se siente ella?*
She's getting a cold.	*Ella se está resfriando.*
She has the flu.	*Ella tiene gripe.*
She has a headache.	*Le duele la cabeza./Tiene dolor de cabeza.*
How are you feeling today?	*¿Cómo se/te siente usted/sientes hoy?*
Not so good.	*No muy bien.*
Much better, thanks.	*Mucho mejor, gracias.*

PUNTO GRAMATICAL 1

CÓMO DAR CONSEJOS CON SHOULD *(DEBER)*

Para dar consejos (o para sugerir una buena idea) utilice **should** siguiendo este modelo: sujeto + **should** + el verbo sin conjugar.

You should get some rest.
Usted debería descansar.

He should see a doctor.
Él debería ver al médico.

Para formar el negativo de **should,** utilice este modelo: Sujeto + **should** + **not** + verbo (sin conjugar).

You should not go to work today.
You shouldn't go to work today.
Usted no debería ir a trabajar hoy.

He should not be rude.
He shouldn't be rude.
Él no debería ser descortés.

Para dar respuestas cortas a preguntas con **should,** utilice: **Yes,** + sujeto + **should,** o, **No,** + sujeto + **shouldn't** (contracción de **should** y **not**).

Should he put on a bandage?
¿Debería él ponerse una venda?

Yes, he should.
Sí, debería.

Should I take some medicine?
¿Debería yo tomar medicamentos?

No, you shouldn't.
No, no deberías.

PRÁCTICA 1
Llene los espacios con **should** y los verbos entre paréntesis.

Ej. Carlos (go) <u>should go</u> to bed.

1. María (put) _____ on a bandage.

2. We (leave) _____ at 1:00 p.m.

3. You (see) _____ a doctor.

4. He (take) _____ some medicine.

5. She (be, not) _____ late to work.

6. They (give, not) _____ her any medicine.

7. We (talk, not) _____ to them.

8. I (check) _____ my cholesterol.

9. John (go, not) _____ to work today.

LISTA DE ORACIONES 2

He aquí algunas expresiones que se usan en el consultorio médico o en la clínica.

I need to see a doctor.	*Necesito ver a un doctor/médico.*
Can I make an appointment?	*¿Puedo hacer una cita?*
Please fill out a medical history form.	*Por favor, llene el formulario con su historia clínica.*
What seems to be the problem?	*¿Cuál es el problema?/¿Qué problema tiene?*
I think I have a fever.	*Creo que tengo fiebre.*
Do you exercise regularly?	*¿Hace usted ejercicio regularmente?*
Are you on any medications?	*¿Está tomando medicamentos?*
Are you in any pain?	*¿Tiene algún dolor?*
You need to have some tests.	*Necesita hacerse unos exámenes.*
We need to draw some blood.	*Necesitamos tomar una muestra de sangre.*
Your cholesterol is too high.	*Tiene el colesterol alto.*
Your blood pressure is too high.	*Tiene la presión alta.*
I need to listen to your heart.	*Necesito escuchar/auscultar su corazón.*
Can you write me a prescription?	*¿Me puede recetar algo?*
Take one pill every four hours.	*Tome una pastilla cada cuatro horas.*

PRÁCTICA 2

What should they do? *(¿Qué deberían hacer?)* Utilice **should** para aconsejar. (Refiérase a las Listas de frases 1 y 2 de la lección previa.)

Ej. Carlos has a cold.
   He should drink plenty of fluids.

1. María has a sore throat.

2. John's finger is bleeding.

3. My nose is runny.

4. I have a cough.

5. Julie has the flu.

6. She has a headache.

7. Jose's foot hurts.

8. Luisa feels dizzy.

9. I think I have a fever.

PRÁCTICA 3

Corrija las siguientes oraciones.

1. You should to get some rest.

2. She should no go to work.

3. We no should go to school.

4. He should takes an aspirin.

5. Carlos and María doesn't should be late.

Nota cultural

El fumar

En Estados Unidos fumar es cada vez menos aceptado y menos popular. En muchos estados del país, se prohíbe fumar en muchos lugares públicos como restaurantes, bares, centros comerciales y aeropuertos. Si usted fuma y no sabe si se permite en ese lugar, es común preguntar: **Is smoking allowed here?** (*¿Se permite fumar aquí?*), o, **Do you mind if I smoke?** (*¿Te/Le importa si fumo?*). Al obtener una respuesta, usted sabrá cuáles son las normas.

RESPUESTAS PARA LAS PRÁCTICAS

PRÁCTICA 1: 1. should put; **2.** should leave; **3.** should see; **4.** should take; **5.** shouldn't be; **6.** shouldn't give; **7.** shouldn't talk; **8.** should check; **9.** shouldn't go

PRÁCTICA 2: 1. She should take some throat lozenges. **2.** He should put on a bandage. **3.** You should blow your nose. **4.** You should take some cough drops. **5.** She should see a doctor. **6.** She should take an aspirin. **7.** He should take an aspirin./He should see a doctor. **8.** She should get some rest. **9.** You should take your temperature.

PRÁCTICA 3: 1. You should get some rest. **2.** She shouldn't go to work. **3.** We shouldn't go to school. **4.** He should take an aspirin. **5.** Carlos and María shouldn't be late.

—————— Lección 16 (conversaciones) ——————

Hablando acerca de su salud con otros

CONVERSACIÓN 1

John and Carlos see each other in the front yard. John asks about Carlos's health. Carlos is sick.

> John: How are you, Carlos?
> Carlos: Not so good.

John: What's the matter?

Carlos: My throat hurts. I have a fever and the chills. My body aches. I think I have the flu.

John: You should see a doctor. Do you want me to make an appointment for you?

Carlos: No, thanks. María is calling our doctor right now.

John: Okay. For now, you should go to bed.

Carlos: You're right. Thanks.

John: I hope you feel better soon!

Carlos: Thanks, John.

John y Carlos se encuentran en el jardín del frente de sus casas. John le pregunta a Carlos acerca de su salud. Él está enfermo.

John: ¿Cómo estás, Carlos?

Carlos: No muy bien.

John: ¿Qué te pasa?

Carlos: Me duele la garganta. Tengo fiebre y escalofríos. Me duele el cuerpo. Creo que tengo gripe.

John: Deberías ir al médico. ¿Quieres que te consiga una cita?

Carlos: No, gracias. María está llamando a nuestro médico en estos momentos.

John: Está bien. Por ahora, deberías acostarte.

Carlos: Tienes razón. Gracias.

John: ¡Espero que te mejores pronto!

Carlos: Gracias, John.

PRÁCTICA 1

Conteste las siguientes preguntas sobre la Conversación 1.

1. What's the matter with Carlos?

2. Should he see a doctor?

3. What is María doing?

4. What should Carlos do now?

PUNTO GRAMATICAL 1
EL PASADO SIMPLE DEL VERBO TO BE *(SER, ESTAR)*

Usted aprendió el tiempo presente del verbo **to be** *(ser, estar)* en la Unidad 1. He aquí el tiempo pasado simple o el pretérito. Recuerde que éste es un verbo irregular, por lo tanto no sigue el modelo de los verbos regulares.

El tiempo pasado del verbo **to be** *(ser, estar)*:

Singular			Plural		
I	**was**	*yo fui, estuve*	**we**	**were**	*nosotros fuimos, estuvimos*
you	**were**	*tú fuiste, estuviste usted fue, estuvo*	**you**	**were**	*ustedes fueron, estuvieron*
he/she/it	**was**	*él/ella fue, estuvo*	**they**	**were**	*ellos fueron, estuvieron*

Para formar el negativo del verbo **to be** en el pasado simple, añada **not** después del verbo.

They were not sick.
Ellos/Ellas no estuvieron/estaban enfermas.

En las conversaciones es común hacer las siguientes contracciones: **was + not → wasn't** y **were + not → weren't**.

PRÁCTICA 2

Llene los espacios con el tiempo pasado simple del verbo **to be**. (Nota: **Yesterday** quiere decir *ayer*.)

1. María (be) _____ sick yesterday.

2. I (be, not) _____ in New York on Monday.

3. María and Carlos (be, not) _____ at home yesterday.

4. We (be) _____ at work on Tuesday.

5. My nose (be) _____ congested yesterday.

CONVERSACIÓN 2

Julie and María are talking together. Julie asks María about her health.

Julie:	Where were you yesterday?
María:	I was very sick. I was in bed all day.
Julie:	That's too bad. Are you feeling better today?
María:	Yes. Much better, thanks.
Julie:	My kids were sick last week. I think there's a virus going around.
María:	I think you're right. Carlos was sick last week, and Luisa is getting it now. You should be careful. You don't want to get sick, too!
Julie:	Don't worry. I never get sick.
María:	You're lucky!

Julie y María están hablando. Julie le pregunta a María sobre su salud.

Julie:	*¿Dónde estuviste ayer?*
María:	*Estuve muy enferma. Estuve en cama todo el día.*
Julie:	*Qué lástima. ¿Te sientes mejor hoy?*
María:	*Sí. Mucho mejor, gracias.*
Julie:	*Mis hijos estuvieron enfermos la semana pasada. Creo que hay un virus por ahí que se está propagando.*

> *María:* Creo que tienes razón. Carlos estuvo enfermo la semana pasada, y Luisa se está enfermando. Deberías cuidarte. ¡No te vayas a enfermar tú también!
>
> *Julie:* No te preocupes. Nunca me enfermo.
>
> *María:* ¡Qué suerte tienes!

NOTAS

Going around es una expresión idiomática (un modismo) que quiere decir *que se esparce, se extiende,* o *se propaga.* Se usa frecuentemente cuando se habla de un virus, pero también se usa cuando se habla de un rumor.

PRÁCTICA 3

Conteste las siguientes preguntas sobre la conversación 2.

1. Where was María yesterday?

2. How is she feeling today?

3. Was Julie sick last week?

4. Were Julie's kids sick last week?

5. How is Luisa feeling?

Nota cultural
Walk-in clinics (*Clínicas pequeñas*)

En Estados Unidos, este tipo de clínicas se han dado a conocer más en los últimos años. Estas clínicas son pequeñas y cuesta menos examinarse ahí que visitar a un médico en su consultorio o en un hospital. La ventaja de estas clínicas es que usted puede ir a ellas sin pedir cita. Simplemente llegue y lo atenderán. De ahí su nombre, **walk-in,** que quiere decir *siga, entre.* En estas clínicas se puede conseguir atención médica para emergencias leves que no requieran cuidado intensivo. Claro que para casos serios o emergencias graves, se debe ir a la sala de emergencia de un hospital, porque allí tienen más facilidades y equipos más completos.

RESPUESTAS PARA LAS PRÁCTICAS

PRÁCTICA 1: 1. His throat hurts./He has a fever and the chills./His body aches./He has the flu. **2.** Yes, he should. **3.** She is calling their doctor. **4.** He should go to bed.

PRÁCTICA 2: 1. was; **2.** was not/wasn't; **3.** were not/weren't; **4.** were; **5.** was

PRÁCTICA 3: 1. She was in bed all day. **2.** Much better. **3.** No, she wasn't. **4.** Yes, they were. **5.** She's getting sick.

LO ESENCIAL DE LA UNIDAD 4

Éstas son algunas frases y oraciones esenciales de la Unidad 4 para repasar.

What's the matter?	*¿Qué le/te pasa?*
I have a cold.	*Estoy resfriado.*
What's the matter with her?	*¿Qué le pasa a ella?*
She's sick.	*Ella está enferma.*
Her stomach hurts.	*Le duele el estómago.*
She's getting a cold.	*Ella se está resfriando.*
How are you feeling?	*¿Cómo se siente usted?/¿Cómo te sientes?*
Not so good.	*No muy bien.*
What seems to be the problem?	*¿Cuál es el problema?/¿Qué problema tiene?*
I think I have the flu.	*Creo que tengo gripe.*
What should I do?	*¿Qué debo hacer?*
You should see a doctor.	*Debería/Deberías ir al médico.*
What should he do?	*¿Qué debe hacer (él)?/¿Qué debería hacer?*
He should get some rest.	*El debería descasar.*

UNIDAD 5
Hablando sobre su día

En la Unidad 5 usted va a aprender a hablar del pasado: las cosas que hizo ayer, el año pasado, cuando era un niño/a, o hace diez minutos.

Vamos a empezar con palabras asociadas al tiempo: el día, la fecha.

──────────── Lección 17 (palabras) ────────────

Hablando sobre el tiempo

Add these words to your flash cards. *(Añada estas palabras a sus fichas.)*

LISTA DE PALABRAS 1

first (1st)	*primero/a*
second (2nd)	*segundo/a*
third (3rd)	*tercero/a*
fourth (4th)	*cuarto/a*
fifth (5th)	*quinto/a*
sixth (6th)	*sexto/a*
seventh (7th)	*séptimo/a*
eighth (8th)	*octavo/a*
ninth (9th)	*noveno/a*
tenth (10th)	*décimo/a*
eleventh (11th)	*undécimo/a*
twelfth (12th)	*duodécimo/a*
thirteenth (13th)	*décimotercero/a, treceavo/a*
fourteenth (14th)	*décimocuarto/a, catorceavo/a*

fifteenth (15th)	décimoquinto/a, quinceavo/a
sixteenth (16th)	décimosexto/a, dieciseisavo/a
seventeenth (17th)	décimoséptimo/a, diecisieteavo/a
eighteenth (18th)	décimooctavo/a, dieciochoavo/a
nineteenth (19th)	décimonoveno/a, diecinueveavo/a
twentieth (20th)	vigésimo/a

NOTAS

En inglés se utilizan los números ordinales para decir las fechas; en español se usa el número ordinal solamente para referirse al primer día del mes.

October 12th

el 12 de octubre

July 1st

el primero de julio

En inglés, cuando se abrevia la fecha se usa primero el mes y después el día. Por ejemplo, **06/02/08** se refiere a **June 2nd, 2008** *(el dos de junio de 2008).*

PUNTO GRAMATICAL 1

USANDO IT PARA HABLAR SOBRE EL TIEMPO: LA HORA, EL DÍA, LA FECHA, EL MES, EL AÑO

En inglés se usa it para expresar el tiempo.

Pregunta		Respuesta	
What time is it?	*¿Qué hora es?*	**It's ten o'clock.**	*Son las diez.*
What day is it?	*¿Qué día es?*	**It's Monday.**	*Es lunes.*

Pregunta		Respuesta	
What's the date?	*¿Qué fecha es?*	**It's September 15th.**	*Es el quince de septiembre.*
What month is it?	*¿Qué mes es?*	**It's September.**	*Es septiembre.*
What year is it?	*¿Qué año es?*	**It's 2008.**	*Es el 2008.*

PRÁCTICA 1

Conteste las siguientes preguntas, usando **it** y la hora, el día, el mes, o la fecha que están entre paréntesis.

Ej. What time is it? (11:00)
    It's eleven o'clock.

1. What is the date? *(09/18)*

2. What day is it? *(martes)*

3. What month is it? *(noviembre)*

4. What day is it? *(viernes)*

5. What's the date? *(02/20)*

6. What time is it? *(9:00)*

7. What month is it? *(julio)*

8. What day is it? *(miércoles)*

9. What time is it? *(5:00)*

LISTA DE PALABRAS 2

twenty	20
twenty-one	21
twenty-two	22
thirty	30
forty	40
fifty	50
sixty	60
seventy	70
eighty	80
ninety	90
one hundred	100
one hundred one	101
one hundred two	102
one thousand	1.000
ten thousand	10.000
one hundred thousand	100.000
one million	1.000.000

Fíjese que cuando se utilizan números, en inglés se utilizan las comas y en español los puntos.

PUNTO GRAMATICAL 2
CÓMO DECIR LA HORA
He aquí algunas maneras de decir la hora.

two o'clock	2:00
two fifteen	2:15
quarter past two	2:15
two thirty	2:30

half past two	2:30
two forty-five	2:45
quarter to three	2:45
two oh five	2:05
five past two	2:05
two twenty	2:20
twenty past two	2:20
two forty	2:40
twenty to three	2:40
two fifty-five	2:55
five to three	2:55

Fíjese que se usa **o'clock** para dar la hora en punto. El equivalente de *y* en inglés es **past**.

twenty past five
las cinco y veinte (lit., veinte [minutos han] pasado [después de las] cinco)

Sin embargo, también se puede excluir la palabra **past** y simplemente decir la hora seguida por los minutos.

It's five twenty.
Son las cinco y veinte.

El equivalente de *menos* en inglés es **to**.

twenty to five
las cinco menos veinte

También en este caso es posible decir la hora seguida por los minutos.

It's four forty.

Son las cuatro y cuarenta.

PRÁCTICA 2

Trace una línea de la oración a la hora correspondiente.

1. It's two thirty-five.		a.	9:28
2. It's eight forty-five.		b.	7:23
3. It's twelve thirty.		c.	11:10
4. It's nine twenty-eight.		d.	10:40
5. It's five fifteen.		e.	4:00
6. It's eleven ten.		f.	2:35
7. It's three oh three.		g.	12:30
8. It's seven twenty-three.		h.	8:45
9. It's ten forty.		i.	5:15
10. It's four o'clock.		j.	3:03

RESPUESTAS PARA LAS PRÁCTICAS

PRÁCTICA 1: 1. It's September 18th (eighteenth). **2.** It's Tuesday. **3.** It's November. **4.** It's Friday. **5.** It's February 20th (twentieth). **6.** It's nine o'clock. **7.** It's July. **8.** It's Wednesday. **9.** It's five o'clock.

PRÁCTICA 2: 1. f; **2.** h; **3.** g; **4.** a; **5.** i; **6.** c; **7.** j; **8.** b; **9.** d; **10.** e

Hablando del pasado

LISTA DE FRASES 1

last night	*anoche*
last week	*la semana pasada*
last month	*el mes pasado*
last year	*el año pasado*
yesterday	*ayer*
the day before yesterday	*anteayer*
twenty minutes ago	*hace veinte minutos*
a week ago	*hace una semana*
a month ago	*hace un mes*
a year ago	*hace un año*
two years ago	*hace dos años*
after that	*después de eso*
before that	*antes de eso*
when I was a child	*cuando yo era niño/a*
there was/there were	*hubo/había*

NOTAS

There + to be se utiliza para decir que algo existe en cierto lugar. En este caso, el sujeto va **después** del verbo **to be.**

There was a big accident.
Hubo un accidente grande./Ocurrió un accidente grande.

There were three cars.
Había tres carros.

PUNTO GRAMATICAL 1
EL PASADO SIMPLE DE LOS VERBOS REGULARES

En la Unidad 4 usted aprendió el pasado simple (o el pretérito) del verbo **to be** *(ser, estar).* En esta unidad, usted aprenderá el pasado simple de los verbos regulares. Para formar el pasado simple, añada **ed** (o una **d** si el verbo termina en **e**) al final del verbo.

like–liked *(gustar–me/te/le/nos/les gustó)*
work–worked *(trabajar–trabajé/trabajaste/trabajó/trabajamos/trabajaron)*
walk–walked *(caminar–caminé/caminaste/caminó/caminamos/caminaron)*

Para formar el negativo del pasado simple, utilice **did not** (o **didn't**) y el verbo.

didn't like *(no me/te/le/nos/les gustó)*
didn't work *(no trabajé/trabajaste/trabajó/trabajamos/trabajaron)*
didn't walk *(no caminé/caminaste/caminó/caminamos/caminaron)*

Fíjese que para el tiempo pasado simple en inglés se utiliza la misma forma del verbo, independientemente del sujeto *(yo, tú, él, ella, usted, nosotros, ellos, ellas, ustedes)*.

PRÁCTICA 1
Llene los espacios con el pasado simple de los verbos entre paréntesis.

1. Luisa (brush) _____ her teeth ten minutes ago.

2. María (watch) _____ TV last night.

3. John and Julie (clean, not) _____ their basement last month.

4. Carlos and María (wash) _____ their car the day before yesterday.

5. I (need) _____ some medicine a week ago.

6. She (want, not) _____ any medicine last week.

7. Carlos (shave, not) _____ yesterday.

8. Jose and Luisa (walk) _____ to school the day before yesterday.

9. Julie (go, not) _____ to work last week.

10. María (work) _____ all day yesterday.

LISTA DE FRASES 2

En la Unidad 3 se presentaron frases de las actividades diarias. He aquí una lista de frases con los mismos verbos, excepto que estas frases están en el pasado simple. Fíjese que muchos de estos verbos son "irregulares", por lo tanto, no siguen la regla de añadir -**ed** al final del verbo para formar el pasado.

(I) got up	*me levanté*
(I) got dressed/undressed	*me vestí/me desvestí*
(I) made breakfast/lunch/dinner	*preparé el desayuno/el almuerzo/la cena*
(I) ate breakfast/lunch/dinner	*comí el desayuno/el almuerzo/la cena, desayuné/almorcé/cené*
(I) took a shower	*me duché*
(I) put on makeup	*me maquillé*
(I) went to bed	*me acosté*
(I) had/drank coffee	*tomé/bebí café*
(I) did homework/laundry	*hice la tarea/lavé la ropa*
(I) fed the baby	*le di de comer al bebé*
(I) swept the floor	*barrí el piso*
(I) took the bus	*tomé el autobús*
(I) went to work/school	*fui al trabajo/a la escuela*
(I) left work	*salí del trabajo*
(I) got home	*llegué a casa*

NOTAS

Para el tiempo pasado del verbo, en inglés se utiliza la misma forma del verbo para todas las personas/los sujetos (*yo, tú, él, ella, usted, nosotros, ellos, ellas, ustedes*).

I made breakfast.
Yo preparé el desayuno.

You made breakfast.

Usted preparó el desayuno./Tú preparaste el desayuno.

They made breakfast.

Ellos/Ellas prepararon el desayuno.

PRÁCTICA 2
Llene los espacios con los verbos de esta unidad, usando el pasado simple.

1. I _____ up at seven o'clock this morning.

2. María _____ the baby last night.

3. Carlos and Jose _____ the floor thirty minutes ago.

4. Luisa _____ to school at 8 a.m.

5. Julie _____ on makeup ten minutes ago.

6. María _____ a shower last night.

7. Carlos _____ the bus to work yesterday.

8. John _____ work at 6:00 p.m.

9. Luisa _____ TV after she _____ her homework.

10. José _____ breakfast after he _____ dressed.

RESPUESTAS PARA LAS PRÁCTICAS
PRÁCTICA 1: 1. brushed; 2. watched; 3. didn't clean;
4. washed; 5. needed; 6. didn't want; 7. didn't shave; 8. walked;
9. didn't go; 10. worked

PRÁCTICA 2: 1. got; 2. fed; 3. swept; 4. went; 5. put; 6. took;
7. took; 8. left; 9. watched, did; 10. made/had/ate, got

Haciendo preguntas sobre el pasado

Ahora usted va a aprender a hacer preguntas y a dar respuestas acerca de eventos que ocurrieron en el pasado.

LISTA DE ORACIONES 1

Did you go to school today?	*¿Fue/Fuiste a la escuela hoy?*
Yes, I did (go).	*Sí, fui.*
Did she eat breakfast this morning?	*¿Desayunó ella esta mañana?*
No, she didn't (eat breakfast).	*No, no desayunó.*
Did they watch TV last night?	*¿Miraron ellos la televisión anoche?*
Yes, they did (watch TV).	*Si, miraron la televisión.*
Did he do laundry last week?	*¿Lavó él la ropa la semana pasada?*
No, he didn't (wash it).	*No, no la lavó.*
Did she sweep the floor yesterday?	*¿Barrió ella el piso ayer?*
Yes, she did (sweep it).	*Sí, lo barrió.*

PUNTO GRAMATICAL 1

CÓMO HACER PREGUNTAS DE "SÍ O NO" EN EL PASADO SIMPLE

Fíjese que todas las preguntas de la lista previa, son preguntas de "sí o no" (preguntas que solicitan un sí o un no en la respuesta). Para formar estas preguntas de "sí o no" en el tiempo pasado simple, siga este modelo: **Did** + sujeto + el verbo sin conjugar. Lea de nuevo los ejemplos en la lista anterior y fíjese en su formato. También fíjese que cada pregunta de esa lista se responde con una respuesta corta. Observe el modelo: **Yes,** + sujeto + **did**, o, **No,** + sujeto + **didn't**.

PRÁCTICA 1

Lea el siguiente párrafo acerca del día de María, y después conteste las preguntas.

María's Day *(El día de María)*

María got up at 6:00 a.m. After that, she took a shower, got dressed, and ate breakfast. At 7:00 a.m., she went to work. She didn't have lunch. She had a meeting at 3:00 p.m. She left work at 5:00 p.m. and got home at 6:00 p.m. After she got home, Carlos made dinner. María, Carlos, and their children had dinner at 7:00 p.m. After that, Carlos and María watched TV, and José and Luisa did homework. At 11:00 p.m., they went to bed.

1. Did María have breakfast?

2. Did she go to work at 6:00 a.m.?

3. Did she have lunch?

4. Did she have a meeting?

5. Did she leave work at 5:00 p.m.?

6. Did she get home at 6:00 p.m.?

7. Did she make dinner?

8. Did Carlos watch TV?

9. Did José watch TV?

10. Did they go to bed at 11:00 p.m.?

LISTA DE ORACIONES 2

What time did you get up this morning?	*¿A qué hora se levantó/te levantaste esta mañana?*
I got up at seven o'clock.	*Me levanté a las siete.*
What did you do yesterday?	*¿Qué hizo/hiciste ayer?*
I went to work.	*Fui al trabajo/a trabajar.*
Where did they eat dinner last night?	*¿Dónde cenaron ellos anoche?*

They ate at a restaurant.	*Cenaron en un restaurante.*
Who did she visit the day before yesterday?	*¿A quién visitó ella anteayer?*
She visited her cousins.	*Ella visitó a sus primos.*
How was your day?	*¿Cómo te fue el día?*
Not so good.	*No muy bien.*
When did you leave work yesterday?	*¿A qué hora salió/saliste del trabajo ayer?*
I left work at six o'clock.	*Salí del trabajo a las seis.*

NOTAS

Este tipo de preguntas (preguntas que solicitan información, o "preguntas de información") se construye de la misma forma que las preguntas de "sí o no", excepto que estas preguntas llevan un interrogativo, como **what** *(qué)* o **where** *(dónde)* delante de **did**.

PRÁCTICA 2

Conteste las siguientes preguntas sobre el párrafo anterior, **María's day** *(El día de María)* con oraciones completas.

1. What time did María get up?

2. What did she do at 7:00 a.m.?

3. What did she do at 3:00 p.m.?

4. Where did she go at 5:00 p.m.?

5. What did she do at 7:00 p.m.?

6. What did María and Carlos do after dinner?

7. What did José and Luisa do after dinner?

8. When did they go to bed?

PRÁCTICA 3

Corrija las siguientes oraciones.

1. Carlos goed to work.

2. Did he went to work?

3. What he did yesterday?

4. Luisa didn't went to school yesterday.

5. José get up at 6:00 a.m. yesterday.

6. Julie and John wash their car last week.

7. What time María take a shower?

8. Carlos watch TV last night?

9. They didn't to have breakfast this morning.

10. Where you go last month?

Sugerencia
Closed captioning

En la mayoría de los televisores modernos, usted podrá encontrar un símbolo llamado **closed captioning**. Si usa esta opción, usted podrá ver y leer los subtítulos en inglés que aparecen abajo en la pantalla, mientras ve el programa y escucha las conversaciones. Es una excelente manera de practicar el inglés. También puede hacer lo mismo con las películas en DVD que tienen subtítulos.

RESPUESTAS PARA LAS PRÁCTICAS

PRÁCTICA 1: 1. Yes, she did. **2.** No, she didn't. **3.** No, she didn't. **4.** Yes, she did. **5.** Yes, she did. **6.** Yes, she did. **7.** No, she didn't. **8.** Yes, he did. **9.** No, he didn't. **10.** Yes, they did.

PRÁCTICA 2: 1. She got up at 6:00 a.m. **2.** She went to work. **3.** She had a meeting. **4.** She left work./She went home. **5.** She had dinner. **6.** They watched TV. **7.** They did homework. **8.** They went to bed at 11:00 p.m.

PRÁCTICA 3: 1. Carlos went to work. **2.** Did he go to work?
3. What did he do yesterday? **4.** Luisa didn't go to school
yesterday. **5.** José got up at 6:00 a.m. yesterday. **6.** Julie and John
washed their car last week. **7.** What time did María take a
shower? **8.** Did Carlos watch TV last night? **9.** They didn't have
breakfast this morning. **10.** Where did you go last month?

———————— Lección 20 (conversaciones) ————————

Hablando sobre su día

CONVERSACIÓN 1
John and Carlos are talking about their day. John had a bad
day, but Carlos had a good day.

John: How was your day?

Carlos: Great! I got up early and had breakfast with
María and the kids. Then I went to work. I had
some good meetings in the morning, and then
had lunch. In the afternoon I had another good
meeting. The day flew by! How about you?

John: Not so good. The kids got up late, so they
missed the bus. I drove them to school, so I
went to work late. It wasn't a very good
morning.

Carlos: That's too bad.

John: Yeah, but the afternoon was better. I had lunch
with a friend.

Carlos: That's good.

*John y Carlos están hablando acerca de su día. A John no le fue bien, pero
Carlos sí tuvo un buen día.*

John: *¿Qué tal te fue hoy?*

Carlos: *¡Muy bien! Me levanté temprano y desayuné con
María y los niños. Después me fui para el trabajo. Tuve*

> unas buenas reuniones en la mañana y después
> almorcé. Por la tarde tuve otra buena reunión. ¡El día
> se fue volando! Y tú, ¿qué tal tu día?

John: No muy bien. Los niños se levantaron tarde y
perdieron el autobús. Los llevé a la escuela, y por eso
llegué tarde al trabajo. No fue una mañana buena.

Carlos: Qué lástima.

John: Sí, pero la tarde estuvo mejor. Almorcé con un amigo.

Carlos: Eso está bien.

PRÁCTICA 1

Responda las siguientes preguntas sobre la conversación 1.

1. Did Carlos get up early?

2. Did the kids eat breakfast?

3. What did Carlos do at work in the morning?

4. Did John have a good morning?

5. Did his kids get up early?

PUNTO GRAMATICAL 1

EL TIEMPO PASADO CONTINUO

En la Unidad 2 usted aprendió el tiempo presente continuo. El presente continuo indica que una acción está ocurriendo en ese mismo momento, en el presente inmediato.

It is 9:00 p.m. John is reading a book.

Son las 9:00 de la noche. John está leyendo un libro.

En esta unidad usted va a aprender el pasado continuo. Este tiempo expresa una acción o actividad que se estaba desarrollando en un tiempo determinado en el pasado. Para formar el pasado continuo, utilice el tiempo pasado simple del verbo **to be** (**was** o **were**) + el gerundio del verbo (el verbo que termina en **-ing**).

It was 9:00 p.m. John was reading a book.

Eran las 9:00 de la noche. John estaba leyendo un libro.

PRÁCTICA 2

Llene los espacios con el pasado contínuo del verbo entre paréntesis.

1. María (eat) _____ breakfast at 7:00 a.m.

2. I (make, not) _____ dinner at 5:00 p.m.

3. María and Carlos (feed) _____ the baby at 6:00 p.m. last night.

4. We (drive) _____ to work at 7:00 a.m. yesterday.

5. Carlos (sweep) _____ the floor at 9:00 a.m.

CONVERSACIÓN 2

Julie and María are talking about car accidents.

Julie: Did you see the news last night?

María: No, I didn't. I was stuck in traffic. What happened?

Julie: There was a big car accident on Main Street. A truck was turning left when a car drove into it. Then a second car drove into the first car. The driver was driving very fast and didn't have time to stop.

María: That's terrible! I had a car accident last year. It was very frightening.

Julie: What happened?

María: I was driving to work when a cat ran into the road. I turned and didn't hit the cat, but I hit a tree. I was all right, but I wrecked my car.

Julie: That's awful! But at least you were all right.

María: Yes, thank God.

Julie y María están hablando acerca de accidentes de tránsito.

Julie: ¿Viste las noticias anoche?

María: No, no las vi. Me quedé atascada en un
embotellamiento de tráfico. ¿Qué pasó?

Julie: Hubo un accidente grande en Main Street. Un camión
estaba girando hacia la izquierda y un automóvil se
estrelló contra el camión. Y luego el segundo vehículo se
estrelló contra el primero. Ese conductor iba
conduciendo muy rápido y no tuvo tiempo de parar.

María: ¡Qué horror! Yo tuve un accidente el año pasado. Fue
aterrador.

Julie: ¿Qué pasó?

María: Yo iba conduciendo para el trabajo y de pronto se
atravesó un gato en la carretera. Giré y evadí al gato,
pero me estrellé contra un árbol. No me pasó nada, pero
el automóvil quedó destruído.

Julie: ¡Qué horror! Pero al menos no te pasó nada.

María: Sí, gracias a Dios.

PRÁCTICA 3

Responda las siguientes preguntas sobre la conversación 2.

1. Did María see the news last night?

2. What happened last night?

3. What did the first car drive into?

4. What did María hit last year?

5. Was she all right?

RESPUESTAS PARA LAS PRÁCTICAS

PRÁCTICA 1: 1. Yes, he did. **2.** Yes, they did. **3.** He had some good meetings. **4.** No, he didn't. **5.** No, they didn't.

PRÁCTICA 2: 1. was eating; **2.** was not/wasn't making; **3.** were feeding; **4.** were driving; **5.** was sweeping

PRÁCTICA 3: 1. No, she didn't. **2.** There was a big car accident on Main Street. **3.** It drove into a truck. **4.** She hit a tree. **5.** Yes, she was.

LO ESENCIAL DE LA UNIDAD 5

Éstas son algunas frases y oraciones esenciales de la Unidad 5 para repasar.

What time is it?	*¿Qué hora es?*
It's four-thirty.	*Son las cuatro y media.*
What's the date?	*¿Qué fecha es?*
It's July 1st (first).	*Es el primero de julio.*
Did you take the bus yesterday?	*¿Tomó/Tomaste el autobús ayer?*
Yes, I did.	*Sí, tomé el autobús.*
What time did you get up this morning?	*¿A qué hora se levantó/te levantaste esta mañana?*
I got up at 6:30 a.m.	*Me levanté a las 6:30 de la mañana.*
What did you do last night?	*¿Qué hizo/hiciste anoche?*
I watched TV.	*Miré la televisión.*
What time did they leave work?	*¿A qué hora salieron del trabajo?*
They left work at 5:00 p.m.	*Salieron a las 5:00 de la tarde.*
What happened?	*¿Que pasó?*
There was a car accident.	*Hubo un accidente.*

UNIDAD 6
Haciendo planes, cómo dar y pedir direcciones

Hasta ahora usted ha aprendido el tiempo presente continuo, el tiempo presente, el tiempo pasado simple y el tiempo pasado continuo. En esta unidad usted va a aprender el tiempo futuro. También va a aprender a dar y a pedir direcciones. Empezaremos con diferentes lugares en la ciudad.

—————— Lección 21 (palabras) ——————

En la ciudad

Add these words to your flash cards. *(Añada estas palabras a sus fichas.)*

LISTA DE PALABRAS 1

bank	*el banco*
bakery	*la panadería*
bookstore	*la librería*
bus station	*la estación de autobuses*
bus stop	*la parada del autobús*
car dealership	*el concesionario de autos*
clinic	*la clínica*
coffee shop	*el café, el restaurante*
convenience store	*el colmado, el mercado pequeño*
city hall	*la alcaldía*
deli	*la fiambrería, el delicatessen*
department store	*el almacén, la tienda por departamentos*
dry cleaner	*la tintorería*
gas station	*la gasolinera/estación de servicio*
grocery store	*tienda de comestibles/el supermercado*

PUNTO GRAMATICAL 1
PREPOSICIONES PARA INDICAR LOCALIZACIÓN

He aquí algunas preposiciones para indicar la localización de algo o alguien.

above	*arriba de, encima de, sobre*
at	*en*
behind	*detrás de*
between	*entre*
from	*de*
in	*en*
next to	*al lado de*
on	*en, sobre, encima de*
under	*debajo de*

Para indicar la localización de algo, se puede utilizar el siguiente modelo: preposición + artículo + sustantivo.

at the bank *(en el banco)*
behind the clinic *(detrás de la clínica)*
next to the gas station *(al lado de la estación de servicio)*

PRÁCTICA 1
Where is the X? *¿Dónde está la X?* (Nota: El símbolo + se llama **plus sign** en inglés. La palabra inglesa para *cuadrado* es **square**.)

Ej. (X-O)
    The X is next to the O.

1. (O-X-+) The X is _____ the O and the +.

2. (O-X) The X is _____ the O.

3. (☒) The X is _____ the square.

4. (X̲⧄) The X is _____ the square.

LISTA DE PALABRAS 2

hardware store	*la ferretería*
health club	*el gimnasio*
hospital	*el hospital*
hotel	*el hotel*
laundromat	*la lavandería*
library	*la biblioteca*
movie theater	*el cine*
park	*el parque*
police station	*la estación de policía*
post office	*el correo, la oficina del correo*
pharmacy	*la farmacia*
restaurant	*el restaurante*
school	*la escuela*
subway station	*la estación del metro*
train station	*la estación de trenes*

PRÁCTICA 2
Mire el mapa. **Where is it?** *(¿Dónde está?)*

hardware store	hotel	health club	hospital

1. The hotel is between the _____ and the _____.

2. The hospital is next to the _____.

3. The _____ is next to the hardware store.

laundromat	post office	restaurant	train station

4. The laundromat is next to the _____.

5. The _____ is between the post office and the train station.

6. The train station is next to the _____.

RESPUESTAS PARA LAS PRÁCTICAS
PRÁCTICA 1: 1. between; **2.** next to; **3.** in; **4.** on/above

PRÁCTICA 2: 1. hardware store, health club; **2.** health club; **3.** hotel; **4.** post office; **5.** restaurant; **6.** restaurant

--------- Lección 22 (frases) ---------

Cómo dar y pedir direcciones

LISTA DE FRASES 1

take a left/right	*doble a la izquierda/a la derecha*
turn left/right	*doble a la izquierda/a la derecha*
go straight	*siga derecho*
take your first left/right	*doble en la primera izquierda/derecha*
on the left/right	*a la izquierda/derecha*
in front of	*en frente de*
right over there	*allá, allí*
around the corner	*a la vuelta de la esquina*
across from	*al otro lado de*
next to	*al lado de*
down the street	*más adelante, más abajo*
a block away	*a una cuadra, a una manzana*
nearby	*cerca*
not far from here	*no está lejos de aquí*

PUNTO GRAMATICAL 1

CÓMO PEDIR ALGO DE FORMA CORTÉS

Para pedir algo de forma cortés, utilice las siguientes frases con el verbo sin conjugar.

Can you please . . . ?	¿Puedes/puede . . . , por favor?
Could you please . . . ?	¿Podrías/podría . . . , por favor?
Will you please . . . ?	¿Puedes/puede . . . , por favor?
Would you please . . . ?	¿Podrías/podría . . . , por favor?

La palabra **please** se puede omitir en situaciones informales.

Can you please tell me the time?
¿Puedes/Puede decirme la hora, por favor?

Could you please repeat that?
¿Podrías/Podría repetirlo, por favor?

Will you please cut the grass?
¿Puedes/Puede cortar el césped, por favor?

Would you please clean the bathroom?
¿Podrías/Podría limpiar el baño, por favor?

Para pedir algo es cortés empezar con **excuse me** *(perdone, disculpe).*

PRÁCTICA 1

Forme preguntas corteses con las palabras entre paréntesis.

1. (feed the baby) _____?
2. (open the door) _____?

3. (call the doctor) _____?

4. (sweep the floor) _____?

5. (wash the dishes) _____?

LISTA DE FRASES 2

in front of the bank	*frente al banco*
across from the bus station	*al otro lado de la estación de autobuses*
next to the clinic	*al lado de la clínica*
down the street from the deli	*más allá del delicatessen*
three blocks from the department store	*a tres cuadras de la tienda por departamentos*
near the pharmacy	*cerca de la farmacia*
not far from the gas station	*no muy lejos de la gasolinera*
between the grocery store and the laundromat	*entre la tienda de comestibles y la lavandería de autoservicio*
just past the movie theater	*después de pasar el cine*

PRÁCTICA 2

Mire el mapa. **Where's the clinic?** *(¿Dónde está la clínica?)*

clinic	pharmacy	bank	movie theater	department store

Main Street

grocery store	deli	laundromat	gas station	bus station

Llene los espacios.

1. The clinic is _____ the grocery store.

2. The gas station is _____ the bus station.

3. The laundromat is _____ the deli and the gas station.

4. The department store is _____ the clinic.

5. Where's the grocery store? It's _____.

6. Where's the deli? It's _____.

7. Where's the pharmacy? It's _____.

8. Where's the movie theater? It's _____.

9. Where's the bus station? It's _____.

10. Where's the bank? It's _____.

RESPUESTAS PARA LAS PRÁCTICAS

PRÁCTICA 1: 1. Can/Could/Will/Would you please feed the baby? **2.** Can/Could/Will/Would you please open the door? **3.** Can/Could/Will/Would you please call the doctor? **4.** Can/Could/Will/Would you please sweep the floor? **5.** Can/Could/Will/Would you please wash the dishes?

PRÁCTICA 2: 1. across from; **2.** next to; **3.** between; **4.** down the street from; **5.** It's across from the clinic/next to the deli. **6.** It's next to the grocery store/across from the pharmacy/ between the grocery store and the laundromat. **7.** It's next to the clinic/between the clinic and the bank/across from the deli. **8.** It's next to the bank/between the bank and the department store/across from the gas station. **9.** It's down the street from the grocery store/next to the gas station/across from the department store. **10.** It's next to the pharmacy/ between the pharmacy and the movie theater/across from the laundromat.

—————— Lección 23 (oraciones) ——————

Dando direcciones y hablando sobre planes futuros

LISTA DE ORACIONES 1

Excuse me.	*Perdone./Disculpe.*
Will you do me a favor?	*¿Me puedes/puede hacer un favor?*

Can you tell me how to get to the bank?	¿Me puedes/puede decir cómo llegar al banco?
Do you know how to get to the bus station?	¿Sabes/Sabe cómo llegar a la estación de autobuses?
Could you please repeat that?	¿Podrías/Podría repetirlo por favor.
Did you get that?	¿Lo entendiste?/¿Lo entendió?
It's about a block down the street.	Queda más o menos a una cuadra por esta calle.
It's not far from here.	No queda lejos de aquí.
It's on your left.	Está a la izquierda.
Go down Park Avenue.	Siga/Baje por Park Avenue.
Take your first left.	Gire a la izquierda en la primera.
Take a right on Elm Street.	Gire a la derecha en la calle Elm.
It's just past the post office on the right.	Queda después de la oficina del correo, a la derecha.

PRÁCTICA 1

Mire el mapa. Siga las direcciones y responda las preguntas a continuación.

bank	library	hospital	convenience store

Main Street

bakery	school	police station	department store
movie theater	bookstore	pharmacy	train station

Elm Street

deli	laundromat	post office	bus station

1. Start in front of the bank and go left down Main Street. It's about two blocks down the street on your right, across from the convenience store. What is it? _____

2. Start in front of the deli and go right. Take your first left. It's on the right, just past the pharmacy. What is it?_____

3. Start in front of the department store and go left. Take your first left. Then take your first right. It's on the right, next to the movie theater. What is it? _____

4. Start in front of the movie theater and go left. Go about two blocks down Elm Street, and it's on the right, next to the post office. What is it? _____

5. Start in front of the train station and go right. Take your first right, and then take your first left. It's on the right, just past the library. What is it? _____

LISTA DE ORACIONES 2

Do you have any plans for the weekend?	*¿Tienes/Tiene planes para el fin de semana?*
Yes, I do (have plans).	*Sí, tengo planes.*
What are you going to do this weekend?	*¿Qué vas/va a hacer este fin de semana?*
I'm going to try a new restaurant.	*Quiero probar un restaurante nuevo.*
Are they going to go shopping?	*¿Van a ir ellos de compras?*
Yes, they are.	*Sí.*
Is she going to eat dinner at 6 p.m.?	*¿Va a cenar ella a las 6:00 de la tarde?*
No, she isn't.	*No.*
She's going to eat at 7 p.m.	*Ella va a cenar a las 7:00 de la noche.*
Where is he going to go tomorrow?	*¿Adónde va a ir él mañana?*
He's going to go to the city.	*Él va a ir a la ciudad.*

| When are you going to make breakfast? | *¿Cuándo vas a preparar el desayuno?* |
| I'm going to make breakfast at 7 a.m. | *Voy a preparar el desayuno a las 7:00 de la mañana.* |

PUNTO GRAMMATICAL 1

El futuro con to be y going to

Para hablar sobre planes futuros, utilice este modelo: Sujeto + **to be** + **going to** + el verbo sin congujar.

He is going to visit his relatives.
Él va a visitar a sus parientes.

We are going to play soccer.
Vamos a jugar al fútbol.

I am going to buy a car.
Voy a comprar un carro.

Para formar preguntas sobre planes futuros, utilice este modelo: Interrogativo (si es necesario) + la forma correcta del verbo **to be** + sujeto + **going to** + el verbo sin conjugar.

Is he going to visit his relatives?
¿Va él a visitar a sus parientes?

What are you going to do?
¿Qué vas/va a hacer?

What are you going to buy?
¿Qué vas/va a comprar?

Y para contestar a las preguntas de "sí o no", se utiliza una forma de **to be**.

Is he going to visit his relatives?
¿Va él a visitar a sus parientes?

Yes, he is (going to go).
Sí, él va a ir.

Are you going to play soccer?
¿Van a jugar ustedes al fútbol?

Yes, we are (going to play).
Sí, vamos a jugar.

Are you going to buy a car?
¿Vas/Va a comprar un auto?

Yes, I am (going to buy one).
Sí, lo voy a comprar.

PRÁCTICA 2
Llene los espacios con los verbos entre paréntesis, usando **to be + going to**.

1. Carlos (drive) _____ to work.

2. María (take) _____ the bus to school.

3. Luisa and José (wash) _____ the dishes after dinner.

4. I (meet) _____ a friend tomorrow.

5. We (eat) _____ dinner at 7 p.m. tonight.

6. He (have) _____ time tomorrow night.

7. You (go) _____ home at 6 p.m.

8. Julie (talk) _____ to John tonight.

9. John and Julie (have) _____ dinner with Carlos and María tomorrow.

10. It (snow) _____ this weekend.

PRÁCTICA 3
Corrija las siguientes oraciones.

1. Carlos going to work this weekend.

2. Is he go to work tomorrow?

3. What he going do tomorrow?

4. Luisa are going to go to school tomorrow.

5. José is get up at 6:00 a.m. tomorrow.

RESPUESTAS PARA LAS PRÁCTICAS
PRÁCTICA 1: 1. The department store. **2.** The police station.
3. The bookstore. **4.** The bus station. **5.** The bank.

PRÁCTICA 2: 1. is going to drive; **2.** is going to take; **3.** are
going to wash; **4.** am going to meet; **5.** are going to eat; **6.** is
going to have; **7.** are going to go; **8.** is going to talk; **9.** are going
to have; **10.** is going to snow

PRÁCTICA 3: 1. Carlos is going to go to work this weekend.
2. Is he going to go to work tomorrow? **3.** What is he going to
do tomorrow? **4.** Luisa is going to go to school tomorrow.
5. José is going to get up at 6:00 a.m. tomorrow.

––––––––––– Lección 24 (conversaciones) –––––––––––

Dando direcciones y haciendo planes

CONVERSACIÓN 1
Carlos is visiting friends in a new city. He asks someone for directions to the bus station.

> **Carlos:** Excuse me.
> **Woman:** Yes?
> **Carlos:** Can you tell me how to get to the bus station?
> **Woman:** Sure. Do you know how to get to the post office?

Carlos: No, I don't.

Woman: That's okay. It's not far from here.

Carlos: Good, because I need to catch a bus at 1:00 p.m.

Woman: Don't worry; you have time. Go to Main Street and take a left. Okay?

Carlos: Uh-huh.

Woman: Then, go down Main Street for about a block, past the post office on your left, and turn right onto Park Avenue. It's about a block down the street on your right, across from the train station.

Carlos: I'm sorry. Could you please repeat that?

Woman: Sure. Go down Main Street, past the post office on your left, and turn right onto Park Avenue. It's about a block down the street on your right, across from the train station. Did you get that?

Carlos: Yes. Thanks so much!

Woman: No problem.

Carlos está visitando a un amigo en una nueva ciudad. Le pide direcciones a alguien para llegar a la estación de autobuses.

Carlos: *Disculpe.*

Mujer: *¿Sí?*

Carlos: *¿Me podría decir cómo llegar a la estación de autobuses?*

Mujer: *Por supuesto. ¿Sabe cómo llegar a la oficina del correo?*

Carlos: *No, no sé.*

Mujer: *Está bien. No está lejos de aquí.*

Carlos: *Menos mal; necesito tomar el autobús de la 1:00 de la tarde.*

Mujer: *No se preocupe; tiene tiempo. Vaya a Main Street y doble a la izquierda. ¿Entiende?*

Carlos: *Sí.*

Mujer: Siga derecho por Main Street, más o menos una cuadra, pase la oficina del correo que está a la izquierda, y después doble a la derecha, en la calle Park Avenue. Camine una cuadra más o menos, y la estación está a su derecha, enfrente de la estación de trenes.

Carlos: Perdón, ¿podría repetirlo por favor?

Mujer: Claro que sí. Siga por Main Street, pase la oficina del correo a su izquierda, y después doble a la derecha en la calle Park Avenue. La estación de autobuses queda más menos a una cuadra, enfrente de la estación de trenes. ¿Lo entendió?

Carlos: Sí, ¡muchas gracias!

Mujer: No hay de qué.

PRÁCTICA 1

Responda las siguientes preguntas sobre la Conversación 1.

1. Where is Carlos going?

2. Where is the bus station?

3. Does Carlos know how to get to the post office?

4. What time does Carlos's bus leave?

CONVERSACIÓN 2

Carlos and John are talking about their weekend plans. They make plans to go to a restaurant together.

Carlos: Hi, John. How are you?

John: Good, Carlos. How about you?

Carlos: Fine. Do you have any plans for the weekend?

John: Well, the kids are going to go to their grandparents' house tomorrow night. What about you and María?

Carlos: We're going to go shopping downtown. Then we're going to try a new restaurant on Elm

Street for dinner. Do you want to meet us for dinner?

John: Sure! Do you know how to get there?

Carlos: Yes. It's next to the train station. Do you know how to get there?

John: No, not really.

Carlos: Do you know how to get to the hospital on Pine Street?

John: Yes, I do.

Carlos: From the hospital, take a right on Pine Street and go three blocks.

John: Uh-huh.

Carlos: Just past a laundromat, take a left onto Elm Street.

John: All right.

Carlos: The restaurant is on the left, next to the train station.

John: Got it. What time do you want to meet?

Carlos: How about 7 p.m.?

John: That's great! See you then!

Carlos y John están hablando sobre sus planes para el fin de semana. Hacen planes para ir a un restaurante.

Carlos: *Hola, John. ¿Cómo estás?*

John: *Bien, Carlos, ¿y tú?*

Carlos: *Bien. ¿Tienes planes para el fin de semana?*

John: *Pues los niños van a la casa de sus abuelos mañana por la noche. ¿Y tú y María qué van a hacer?*

Carlos: *Vamos a ir de compras al centro. Luego queremos probar un nuevo restaurante en Elm Street y cenar allí. ¿Quieres que nos encontremos para cenar?*

John: *¡Claro que sí! ¿Sabes cómo llegar a allí?*

Carlos: *Sí. Está al lado de la estación de trenes. ¿Sabes cómo llegar allá?*

John: *No, la verdad es que no.*

Carlos: *¿Sabes cómo llegar al hospital que está en Pine Street?*

John: Sí, sé llegar al hospital.

Carlos: Cuando estés en el hospital, gira a la derecha, en Pine Street y sigue derecho tres cuadras.

John: Bueno.

Carlos: Después de pasar una lavandería, dobla a la izquierda en Elm Street.

John: Muy bien.

Carlos: El restaurante está a la izquierda, al lado de la estación de trenes.

John: Muy bien. ¿A qué hora quieres que nos encontremos?

Carlos: ¿Qué tal a las 7:00 de la noche?

John: Muy bien. ¡Allá nos vemos!

PUNTO GRAMATICAL 1

EXPRESANDO OBLIGACIÓN CON HAVE TO

Para expresar obligaciones, utilice este modelo: **have to/has to** + el verbo sin conjugar.

I have to go home.

Tengo que ir a la casa.

She has to study.

Ella tiene que estudiar.

They have to cut the grass.

Ellos tiene que cortar el césped.

La palabra **must** se usa también para expresar obligación en inglés. También puede ser usada para expresar la opinión de lo que alguien piensa que es necesario.

You must study English with this book.

Debes estudiar inglés con este libro.

PRÁCTICA 2

Llene los espacios con los verbos entre paréntesis, usando **have to/has to.**

1. Carlos (call) _____ María at 5 p.m.

2. Luisa and José (make) _____ dinner tonight.

3. He (take) _____ the bus to work tomorrow.

4. John (see) _____ a doctor on Friday.

5. They (have) _____ breakfast at 5 a.m. tomorrow.

PRÁCTICA 3

Responda las siguientes preguntas sobre la Conversación 2.

1. Does John have plans for the weekend?

2. Where are John's kids going to go?

3. What are Carlos and María going to do?

4. Where are they going to eat?

5. Where is the restaurant?

6. What time are they going to meet at the restaurant?

Nota cultural
Las visitas sociales

Por lo general, visitar a alguien sin llamar o avisar antes de ir, es descortés, al menos que esta persona o personas sean amigos muy cercanos. Una invitación debe tomarse en serio sólo si se especifica el día y el momento. Por ejemplo: **Come and visit us sometime** *(Ven y visítanos un día de estos)* no es una invitación literal. Pero si esta invitación continúa con **How about this Friday night?** *(¿Qué tal este viernes?)*, entonces sí es una invitación literal y se puede tomar en serio.

Además, los estadounidenses suelen ser muy puntuales. Si usted ha sido invitado a algún sitio a cierta hora, se espera que llegue a tiempo. Por ejemplo, si la invitación es para una cena a las 7:00 p.m., usted no debe llegar más tarde de las 7:05 p.m., máximo a las 7:10 p.m. Si no llega a tiempo, esto se considera descortés.

RESPUESTAS PARA LAS PRÁCTICAS

PRÁCTICA 1: 1. To the bus station. **2.** It's across from the train station/on Park Avenue/not far from the post office. **3.** No, he doesn't. **4.** At 1:00 p.m.

PRÁCTICA 2: 1. has to call; **2.** have to make; **3.** has to take; **4.** has to see; **5.** have to have

PRÁCTICA 3: 1. Yes, he does. **2.** To their grandparents' house. **3.** They're going to go shopping downtown. **4.** At a new restaurant downtown. **5.** It's next to the train station. **6.** At 7:00 p.m.

LO ESENCIAL DE LA UNIDAD 6

Éstas son algunas frases y oraciones esenciales de la Unidad 6 para repasar.

Where's the post office?	¿Dónde está la oficina del correo?
It's next to the train station.	Está al lado de la estación de trenes.
It's on Main Street.	Queda en Main Street.
Will you do me a favor?	¿Me puedes/puede hacer un favor?
Sure, no problem.	Claro que sí, no hay problema.
Can you tell me how to get to the bank?	¿Me puede decir cómo llegar al banco?
Could you please repeat that?	¿Podrías/podría repetirlo por favor?
Did you get that?	¿Lo entendiste?/¿Lo entendió?
Yes, I did (get that).	Sí, entendí.
Is he going to make dinner tonight?	¿Va a preparar él la cena esta noche?
Yes, he is.	Sí.
What are they going to do tomorrow?	¿Qué van a hacer ellos mañana?
They're going to go shopping.	Van a ir de compras.
I have to go to work.	Tengo que ir a trabajar.
She has to talk to him.	Ella tiene que hablar con él.

UNIDAD 7
De compras

En esta unidad usted va a aprender palabras, frases, oraciones, y conversaciones que son comunes cuando va a comprar ropa y comida.

————————— Lección 25 (palabras) —————————

La ropa y la comida

Add these words to your flash cards. *(Añada estas palabras a sus fichas.)*

LISTA DE PALABRAS 1
CLOTHING (ROPA)

skirt	la falda
shirt	la camisa
pants	los pantalones
dress	el vestido
blouse	la blusa
tie	la corbata
shorts	los pantalones cortos
coat	el abrigo
hat	el sombrero
scarf, scarves	la bufanda, las bufandas
gloves	los guantes
sweater	el suéter
jacket	la chaqueta
shoes	los zapatos
underwear	la ropa interior

PUNTO GRAMATICAL 1
THIS, THAT, THESE, THOSE (ESTA/ESTE, ESA/ESE, ESTAS/ESTOS, ESAS/ESOS)

Utilice **this** *(esta/este, sg.)* y **these** *(estas/estos, pl.)* para hablar sobre gente o cosas que están cerca de usted.

This is my dress.
Éste es mi vestido.

I like this dress.
Me gusta este vestido.

These are my gloves.
Éstos son mis guantes.

I prefer these gloves.
Prefiero estos guantes.

Utilice **that** *(esa/ese, sg.)* y **those** *(esas/esos, pl.)* para hablar sobre gente o cosas que están lejos de usted.

That is my shirt.
Ésa es mi camisa.

I like that shirt.
Me gusta esa camisa.

Those are my gloves.
Ésos son mis guantes.

I prefer those gloves.
Prefiero esos guantes.

PRÁCTICA 1
That o those?

1. _____ skirt is beautiful.
2. I don't like _____ shoes.

3. I like _____ sweater.

4. _____ are Carlos's shorts.

5. Is _____ José's shirt?

LISTA DE PALABRAS 2
Food (LA COMIDA)

fruits and vegetables	*las frutas y las verduras*
apple	*la manzana*
potato	*la papa*
green pepper	*el pimiento verde*
onion	*la cebolla*
meat	*la carne*
poultry	*aves*
seafood	*los mariscos*
beef	*la carne de vaca*
pork	*la carne de cerdo, el puerco*
chicken	*el pollo*
fish	*el pescado*
groceries	*los comestibles, los víveres*
milk	*la leche*
bread	*el pan*
eggs	*los huevos*
juice	*el jugo*

PRÁCTICA 2
This o these?

1. Do you want _____ apple?

2. He ate some of _____ eggs.

3. They drank _____ juice.

4. I need to cook _____ onion.

5. Are _____ potatoes good?

————— Lección 26 (frases) —————

Cómo describir la ropa y la comida

LISTA DE FRASES 1

sizes	*las tallas*
extra-small skirt	*falda de talla muy pequeña*
small sweater	*suéter pequeño*
medium jacket	*chaqueta mediana*
large gloves	*guantes grandes*
extra-large shirt	*camisa de talla muy grande*
materials	*materiales*
wool sweater	*suéter de lana*
denim skirt	*falda de tela vaquera*
cotton shirt	*camisa de algodón*
silk scarf	*bufanda de seda*
leather jacket	*chaqueta de cuero*
long-sleeved shirt	*camisa de manga larga*
short-sleeved shirt	*camisa de manga corta*

PUNTO GRAMATICAL 1

HOW MUCH, HOW MANY (*CUÁNTO/CUÁNTA, CUÁNTOS/CUÁNTAS*)
Para preguntar la cantidad de algo, utilice **how much** o **how many**. Utilice **how many** con sustantivos que tienen forma plural (que se pueden contar).

How many wool sweaters are there?
¿Cuántos suéteres de lana hay?

How many long-sleeved shirts do you have?

¿Cuántas camisas de manga larga tiene/tienes?

How many extra-large shirts do you need?

¿Cuántas camisas de talla muy grande necesita/necesitas?

Utilice **how much** con sustantivos que no tienen una forma plural (y que no se suelen contar).

How much butter is there?

¿Cuánta mantequilla hay?

How much salt do we have?

¿Cuánta sal tenemos?

How much juice did you drink?

¿Cuánto jugo tomaste?/¿Cuánto jugo tomó usted?

Utilice **how much** + la forma correcta del verbo **to be,** para preguntar el costo de algo.

How much is that dress?

¿Cuánto cuesta ese vestido?

How much were those pants?

¿Cuánto costaron esos pantalones?

How much are these eggs?

¿Cuánto cuestan estos huevos?

PRÁCTICA 1
Llene los espacios con **many** o **much.**

1. How _____ bread do you have?

2. How _____ ties are there?

3. How _____ apples did you eat?

4. How _____ milk do you drink?

5. How _____ dresses do you need?

LISTA DE FRASES 2

a gallon of milk	*un galón de leche*
a loaf of bread	*una barra de pan*
a carton of eggs	*una caja de huevos*
a stick of butter	*una barra de mantequilla*
a few apples	*unas pocas manzanas*
a bunch of bananas	*un racimo de bananas*
a head of lettuce	*una lechuga*
a pound of beef	*una libra de carne*
a filet of fish	*un filete de pescado*
a bottle of juice	*una botella de jugo*
a can of soup	*una lata de sopa*
a box of cereal	*una caja de cereal*
a jar of peanut butter	*un frasco de mantequilla de maní*
a shopping cart	*un carrito para hacer las compras*
checkout line	*la cola para pagar*

PRÁCTICA 2

Llene los espacios con **much** o **many**.

1. How _____ is a gallon of milk?

2. How _____ heads of lettuce do we need?

3. How _____ are the leather jackets?

4. How _____ cereal do we have?

5. How _____ boxes of cereal do we have?

PUNTO GRAMATICAL 2
Los artículos indefinidos y definidos

En inglés, se usa el artículo definido **a/an** de la misma forma que usamos *un/una* en español (para repasar este punto, consulte la Unidad 1). Muchas veces, se usa el artículo definido **the** como usamos *el/la* en español—cuando hablamos de un sustantivo específico en inglés, y el oyente (o lector) y el orador (o escritor) tienen el mismo objeto o persona en mente.

I have a book. The book is very good.

Tengo un libro. El libro es muy bueno.

En la primera parte, el libro es indefinido y se usa el artículo indefinido **a**; después el libro es específico y se usa el artículo definido, **the.**

I am in the garage.

Estoy en el garaje.

Mi casa sólo tiene un garaje, entonces el oyente/lector entiende en cuál garaje estoy.

Sin embargo, a diferencia del español, algunas veces el artículo es omitido. No se utiliza el artículo cuando se habla de algo en general, y se usan sustantivos en plural y sustantivos que no se pueden contar.

Apples are delicious.

Las manzanas son deliciosas.

Fíjese que en español se utiliza el artículo, pero en inglés se omite: *Las manzanas son deliciosas.*

The apples at this store are delicious.

Las manzanas de este mercado son deliciosas.

Wool sweaters are warm.

Los suéteres de lana son calientes.

En español, se utiliza el artículo: *Los suéteres de lana son calientes.*

The wool sweaters here are beautiful.

Los suéteres de lana aquí son hermosos.

Juice is healthy.

El jugo es saludable.

The juice on the table is not cold.

El jugo que está en la mesa no está frío.

Salt is usually not expensive.

Por lo general, la sal no es cara.

The salt on the table is old.

La sal que está en la mesa está vieja.

PRÁCTICA 3

Llene los espacios con los artículos **the, a, an,** o **0,** si no es necesario.

1. _____ leather jackets are usually expensive.

2. I need _____ small sweater.

3. I ate _____ apple for lunch.

4. _____ apples in my front yard are delicious.

5. There are many calories in _____ butter.

6. _____ milk is usually from cows.

7. _____ beef is also from cows.

8. How many eggs are in _____ carton?

9. _____ silk scarves at this store are beautiful.

10. Salesperson: We have _____ denim skirts and _____ cotton skirts.

    Customer: How much are _____ cotton skirts?

RESPUESTAS PARA LAS PRÁCTICAS

PRÁCTICA 1: 1. much; **2.** many; **3.** many; **4.** much; **5.** many

PRÁCTICA 2: 1. much; **2.** many; **3.** much; **4.** much; **5.** many

PRACTICA 3: 1. 0; **2.** a; **3.** an; **4.** the; **5.** 0; **6.** 0; **7.** 0; **8.** a/the; **9.** the; **10.** 0, 0, the

---
Lección 27 (oraciones)

Expresiones que se usan cuando se va de compras

LISTA DE ORACIONES 1

May I help you?	¿En que puedo servirle?/¿Puedo ayudarle en algo?
Yes, please.	Sí, por favor.
I'm looking for a wool sweater.	Estoy buscando un suéter de lana.
What size are you looking for?	¿Qué talla está buscando?
I need an extra-large.	Necesito una talla muy grande.
How do you like this one?	¿Le gusta ésta/éste?
Do you have this one in a different color?	¿Tiene ésta/éste en un color diferente?
I'd like to try this one on.	Me gustaría probarme ésta/éste.
How much is this?	¿Cuánto cuesta ésta/éste?
This one's on sale.	Éste/Ésta está rebajado/rebajada (en rebaja).
I'd like to buy this.	Quisiera comprar esto.
I'd like to exchange this.	Quisiera cambiar esto.
I'd like to return this.	Quisiera devolver esto.

| **Do you sell ties?** | *¿Venden corbatas?* |
| **Yes. They're on the second floor.** | *Sí. Están en el segundo piso.* |

PRÁCTICA 1

Llene los espacios con las siguientes palabras.

leather, much, skirt, short-sleeved, sweater, size, help, looking, try on, sale

1. I'm _____ for a wool _____.

2. May I _____ you?

3. What _____ are you looking for?

4. Do you have any _____ shirts?

5. How _____ are the _____ jackets?

6. I'd like to _____ this denim _____.

7. This one's only $49.99. It's on _____.

LISTA DE ORACIONES 2

Where's the produce department?	*¿Dónde están los productos agrícolas?*
Where are the condiments?	*¿Dónde están los condimentos?*
They're in aisle six.	*Están en el pasillo seis.*
Where are the spices?	*¿Dónde están las especias?*
They're in aisle nine.	*Están en el pasillo nueve.*
Excuse me. I'm looking for the rice.	*Disculpe. Estoy buscando el arroz.*
It's in aisle five, next to the flour.	*Está en el pasillo cinco, al lado de la harina.*
Should we get some fish?	*¿Compramos pescado?*
Let's get some steak.	*Compremos bistec.*
That's on sale this week.	*Eso está rebajado esta semana.*

These look fresh.	*Éstos/Éstas parecen estar frescos/frescas.*
These don't look very fresh.	*Éstos/Éstas no parecen estar muy frescos/frescas.*
What else is on the shopping list?	*¿Qué más hay en la lista de compras?*

PUNTO GRAMATICAL 1
EXPRESIONES DE CANTITAD

Para responder una pregunta de **how much** (con objetos como la leche o la mantequilla, que no se suelen contar) utilice las siguientes expresiones de cantidad.

a lot	a lot of milk	*mucha leche*
only a little	only a little bread	*sólo un poco de pan*
not much	not much juice	*no mucho jugo*

Para responder una pregunta de **how many** (con un sustantivo que se puede contar), utilice las siguientes expresiones de cantidad.

a lot	a lot of apples	*muchas manzanas*
only a few	only a few boxes	*sólo unas pocas cajas*
not many	not many shirts	*no muchas camisas*

PRÁCTICA 2

Llene los espacios con **only a little** o **only a few**.

1. How many apples do we have?

2. How much bread is there?

3. We have _____ soup.

4. There are _____ onions.

5. There is _____ cereal.

PRÁCTICA 3
Corrija las siguientes oraciones.

1. Carlos has only a little green peppers.

2. How many milk do we have?

3. She doesn't have much bananas.

4. I'm looking for some wools sweaters.

5. How many is the shirts?

Sugerencia

Leyendo libros con audio

Muchos libros han sido grabados y vienen con el audio en discos compactos. Lea el libro y a la misma vez escuche el audio. Ésta es una manera excelente para conectar el idioma escrito y el idioma hablado. Usted podrá encontrar estos libros en las bibliotecas públicas, o los puede comprar en las librerías o a través de la Internet.

RESPUESTAS PARA LAS PRÁCTICAS
PRÁCTICA 1: **1.** looking, sweater; **2.** help; **3.** size; **4.** short-sleeved; **5.** much, leather; **6.** try on, skirt; **7.** sale

PRÁCTICA 2: **1.** Only a few. **2.** Only a little. **3.** only a little; **4.** only a few; **5.** only a little

PRÁCTICA 3: **1.** Carlos has only a few green peppers. **2.** How much milk do we have? **3.** She doesn't have many bananas. **4.** I'm looking for some wool sweaters. **5.** How much are the shirts?

De compras

CONVERSACIÓN 1
María goes shopping. She is looking for a gift for Carlos.

Clerk: May I help you?

María: Yes, please. I'm looking for a nice wool sweater for my husband.

Clerk: They're over here. What size do you need?

María: Extra-large.

Clerk: Do you like any of these?

María: This blue one is nice. How much is it?

Clerk: This one is on sale. It's only $49.99.

María: Oh, how about this green and gray one? It's beautiful!

Clerk: That one is $69.99.

María: My husband is going to love it! Can you wrap it for me? It's a gift.

Clerk: No problem.

María: And where are the ties? I'd like to get one of those, as well.

Clerk: They're right over there, next to the suits.

María: Thanks very much.

Clerk: You're welcome.

María va de compras. Está buscando un regalo para Carlos.

Vendedor: *¿Podría ayudarle?*

María: *Sí, por favor. Estoy buscando un suéter bonito, de lana, para mi esposo.*

Vendedor: *Están allí. ¿Qué talla necesita?*

María: *Muy grande.*

Vendedor: *¿Le gusta alguno de éstos?*

María: *Éste azul está bonito. ¿Cuánto cuesta?*

Vendedor: *Éste está en rebaja. Sólo cuesta $49.99.*

María: *Ah, ¿y éste verde y gris? ¡Es hermoso!*

Vendedor *Ése cuesta $69.99.*

María: *¡A mi esposo le va a encantar! ¿Me lo podría envolver por favor? Es un regalo.*

Vendedor: *Claro que sí.*

María: *¿Y dónde están las corbatas? Quisiera comprar una de ésas también.*

Vendedor: *Están allá, al lado de los trajes.*

María: *Muchas gracias.*

Vendedor: *Con gusto.*

PRÁCTICA 1

Conteste las siguientes preguntas sobre la Conversación 1.

1. What is María looking for?

2. What size does she need?

3. How much is the blue sweater?

4. How much is the green and gray sweater?

5. Where are the ties?

CONVERSACIÓN 2

John is going to go shopping for groceries. He and Julie are making a shopping list.

John: How much milk do we have?

Julie: Not much. We need some.

John: How about orange juice?

Julie: We need that, too.

John: Do we have any bread?

Julie: Yes, there's some bread in the freezer.

John: What else do we need?

Julie: We need some fish, some apples, and some vegetables.

John: What kind of fish should I get?

Julie: How about a pound of sole? It's on sale.

John: Sounds good. And what vegetables should I get?

Julie: Get some potatoes, green peppers, and onions. And oh yeah, tomatoes are on sale. Get some of those.

John: All right.

John va a hacer la compra. Él y Julie están haciendo la lista de lo que necesitan.

John: *¿Cuánta leche tenemos?*

Julie: *No mucha. Necesitamos un poco de leche.*

John: *¿Y qué tal el jugo de naranja?*

Julie: *También necesitamos eso.*

John: *¿Tenemos pan?*

Julie: *Sí, hay pan en el congelador.*

John: *¿Qué más necesitamos?*

Julie: *Necesitamos pescado, algunas manzanas, y algunas verduras.*

John: *¿Qué pescado compro?*

Julie: *¿Qué tal una libra de lenguado? Está en rebaja.*

John: *Bien. ¿Y cuáles verduras compro?*

Julie: *Compra algunas papas, pimientos verdes, y cebollas. Ah sí, y los tomates están en rebaja. Compra algunos.*

John: *Está bien.*

PRÁCTICA 2
Responda las siguientes preguntas sobre la Conversación 2.

1. Do they need any milk?

2. Do they need any orange juice?

3. Do they need any bread?

4. What kind of fish are they going to get?

5. What vegatables are they going to get?

PUNTO GRAMATICAL 1
REPASO DEL TIEMPO PRESENTE, PASADO, Y FUTURO
He aquí los tiempos de los verbos que hemos visto hasta ahora.

el presente continuo	**He is eating right now.** **He isn't eating right now.**
el presente simple	**He usually works on Saturdays.** **He usually doesn't work on Saturdays.**
el pasado	**He talked to her yesterday.** **He didn't talk to her yesterday.**
el pasado continuo	**He was watching TV at 8 p.m. last night.** **He wasn't watching TV at 8 p.m. last night.**
el futuro con **be + going to**	**He is going to buy some eggs tomorrow.** **He isn't going to buy any eggs tomorrow.**

PRÁCTICA 3
Llene los espacios con los verbos entre paréntesis, usando el tiempo correcto del verbo. Recuerde que algunos verbos tienen una forma irregular en el tiempo pasado.

1. Carlos (drive) _____ to work tomorrow.

2. María (take) _____ the bus to school right now.

3. Luisa and José (wash) _____ the dishes last night.

4. I (meet) _____ a friend tomorrow.

5. You called at 7 p.m. last night. We (eat) _____ dinner at that time.

6. He (have, not) _____ breakfast yesterday morning.

7. She often (go) _____ to the store on Mondays.

8. Julie (buy) _____ a sweater now.

9. John and Julie (be) _____ in New York yesterday.

10. Those shoes (be) _____ beautiful.

Enlace interesante en la Internet
The English Listening Lounge

En **The English Listening Lounge** (http://englishlistening.com) usted podrá escuchar grabaciones de gente común y corriente hablando inglés. Hay una sección para invitados y otra sección más intensiva para socios.

RESPUESTAS PARA LAS PRÁCTICAS
PRÁCTICA 1: 1. A wool sweater. **2.** Extra-large. **3.** $49.99. **4.** $69.99. **5.** Next to the suits.

PRÁCTICA 2: 1. Yes, they do. **2.** Yes, they do. **3.** No, they don't. **4.** Sole. **5.** Potatoes, green peppers, onions, and tomatoes.

PRÁCTICA 3: 1. is going to drive; **2.** is taking; **3.** washed; **4.** am going to meet; **5.** were eating; **6.** didn't have; **7.** goes; **8.** is buying; **9.** were; **10.** are

LO ESENCIAL DE LA UNIDAD 7

He aquí algunas frases y oraciones esenciales de la Unidad 7 para repasar.

May I help you?	*¿Puedo ayudarle en algo?/¿En qué puedo servirle?*
Yes. I'm looking for a cotton dress.	*Sí. Estoy buscando un vestido de algodón.*
What size are you looking for?	*¿Qué talla busca (está buscando)?*
I need an extra-small.	*Necesito una talla muy pequeña.*
I'd like to try this one on.	*Me gustaría probrarme ésta/éste.*
How much are these?	*¿Cuánto cuestan éstos?*
Those are on sale this week.	*Ésos están rebajados esta semana.*
I'd like to return this item.	*Quisiera devolver este artículo.*
I'd like to try that one on.	*Quisiera probarme ésa/ése.*
How much sugar do we have?	*¿Cuánta azúcar tenemos?*
Only a little.	*Sólo un poco.*
How many apples do we have?	*¿Cuántas manzanas tenemos?*
Only a few.	*Sólo unos pocos/unas pocas.*
Should we get some fish?	*¿Compramos algo de pescado?*
Let's get some steak.	*Compremos algo de bistec.*

UNIDAD 8
En el restaurante

En esta unidad usted va a aprender a comunicarse cuando esté en un restaurante—por ejemplo, cómo hacer el pedido, cómo preguntar sobre la comida que hay en el menú y cómo responder preguntas comunes.

————— Lección 29 (palabras) —————

El menú y en un restaurante

Add these words to your flash cards. *(Añada estas palabras a sus fichas.)*

LISTA DE PALABRAS 1

hamburger	*la hamburguesa*
cheeseburger	*la hamburguesa con queso*
hot dog	*el perro caliente*
sandwich	*el bocadillo/el sándwich*
french fries	*las papas fritas*
salad	*la ensalada*
pizza	*la pizza*
soda	*el refresco*
eggs	*los huevos*
bacon	*el tocino/la tocineta*
sausage	*la salchicha*
pancakes	*los panqueques*
toast	*el pan tostado*
coffee	*el café*
tea	*el té*

PUNTO GRAMATICAL 1
LOS ADJETIVOS COMPARATIVOS

Para formar los comparativos de los adjetivos de una sílaba, añada -**er** al adjetivo.

cold—colder *(frío—más frío)*
sweet—sweeter *(dulce—más dulce)*
light—lighter *(ligero—más ligero)*

Para formar el comparativo de los adjetivos de dos sílabas que terminan en -**y**, se pone una **i** en vez de la **y** y se le añade -**er**.

heavy—heavier *(pesado—más pesado)*
easy—easier *(fácil—más fácil)*
tasty—tastier *(sabroso—más sabroso)*

Para formar el comparativo de la mayoría de los adjetivos de dos o más sílabas, su utiliza **more** delante del adjetivo.

famous—more famous *(famoso—más famoso)*
delicious—more delicious *(delicioso—más delicioso)*
expensive—more expensive *(caro—más caro)*

Fíjese que los adjetivos **good** y **bad,** al igual que en español, tienen comparativos irregulares.

good—better *(bueno-mejor)*
bad—worse *(malo-peor)*

Utilice el comparativo del adjetivo + **than** para comparar dos personas, lugares, o cosas.

Hamburgers are heavier than a salad.
Las hamburguesas son más pesadas que una ensalada.

tilice el superlativo del adjetivo para comparar tres o más pe
nas, lugares o cosas.

This restaurant has the heaviest food in town.
Este restaurante tiene la comida más fuerte de la ciudad.

This is the fastest waitress in this restaurant.
Ésta es la mesera más rápida del restaurante.

He is the most intelligent student in the class.
Él es el estudiante más inteligente de la clase.

PRÁCTICA 1
Llene los espacios con el superlativo de los adjetivos entre paréntesis.

1. This restaurant has (slow) _____ service in town.

2. This is (good) _____ hamburger in the world.

3. International Falls, Minnesota, is (cold) _____ city in the United States.

4. He is (great) _____ soccer player in Europe.

5. The prime rib is (expensive) _____ main course on the menu.

LISTA DE FRASES 2

order of french fries	*una porción de papas fritas*
medium/large soda	*un refresco mediano/grande*
slice of pizza	*un trozo de pizza*
value meal	*una comida de precio especial*
side of bacon	*una tira de tocino*
cup of coffee/tea	*una taza de café/té*
glass of water	*una vaso de agua*
roast beef sandwich	*un bocadillo de carne asada*
on a hard roll	*en un pancito/panecillo*
tomato juice	*jugo de tomate*

Soda is sweeter than water.
El refresco es más dulce que el agua.

A dog is more intelligent than a cat.
Un perro es más inteligente que un gato.

PRÁCTICA 1
Forme los comparativos de los adjetivos entre paréntesis.

1. Carlos is (tall) _____ than María.

2. Hamburgers are (good) _____ than hot dogs.

3. Luisa is (young) _____ than Jose.

4. My neighborhood is (beautiful) _____ than this one.

5. My father is (old) _____ than my mother.

LISTA DE PALABRAS 2

menu	*el menú*
host/hostess	*el anfitrión/la anfitriona*
waiter/waitress	*el mesero/la mesera, el camarero/ la camarera*
busboy	*el ayudante del mesero*
table	*la mesa*
check	*la cuenta*
appetizer	*el aperitivo*
main course	*el plato fuerte/el plato principal*
dessert	*el postre*
cake	*el pastel*
pie	*la tarta*
steak	*el bistec*
chicken	*el pollo*
expensive	*caro*
cheap	*barato*

PRÁCTICA 2

Llene los espacios con los comparativos de los adjetivos entre paréntesis.

1. A steak is (expensive) _____ than a hot dog.

2. This waitress is (friendly) _____ than that one.

3. Is this restaurant (cheap) _____ than that one?

4. I'm (hungry) _____ than you.

5. Our waiter is (fast) _____ than your waiter.

RESPUESTAS PARA LAS PRÁCTICAS

PRÁCTICA 1: 1. taller; 2. better; 3. younger; 4. more beautiful; 5. older

PRÁCTICA 2: 1. more expensive; 2. friendlier; 3. cheaper; 4. hungrier; 5. faster

─────────── Lección 30 (frases) ───────────

Frases que se dicen en un restaurante

LISTA DE FRASES 1

to seat the customers	*llevar a los clientes a la mesa*
to wait to be seated	*esperar a que los lleven a la mesa*
to set the table	*poner la mesa*
to clear the table	*limpiar la mesa*
to pour the water	*servir el agua*
to take the order	*tomar el pedido*
to place the order	*hacer el pedido*
to pay the check	*pagar la cuenta*
to leave a tip	*dejar una propina*
the salad bar	*el mostrador de ensalada*
to take out	*llevar comida para la casa*

drive-through window	*la ventanilla de [...] servi-coche*
slow service	*servicio lento*
fast service	*servicio rápido*
fast-food restaurant	*el restaurante de comida[...]*

PUNTO GRAMATICAL 1

LOS SUPERLATIVOS

Para formar el superlativo de los adjetivos de una sílaba, the delante del adjetivo y añada -est al adjetivo.

cold—the coldest *(frío—el más frío)*
sweet—the sweetest *(dulce—el más dulce)*
light—the lightest *(ligero—el más ligero)*

Para formar el superlativo de los adjetivos de dos sílabas que terminan en **y,** utilice **the** delante del adjetivo, cambie la **y** a **i,** y añada **-est.**

heavy—the heaviest *(pesado—el más pesado)*
easy—the easiest *(fácil—el más fácil)*
tasty—the tastiest *(sabroso—el más sabroso)*

Para formar el superlativo de los adjetivos de tres o más sílabas utilice **the most** delante del adjetivo.

famous—the most famous *(famous—el más famoso)*
delicious—the most delicious *(delicioso—el más delicioso)*
expensive—the most expensive *(caro—el más caro)*

Fíjese que los adjetivos **good** y **bad** tienen superlativo[...] lares.

good—the best *(bueno—el mejor)*
bad—the worst *(malo—el peor)*

tossed salad	*ensalada revuelta*
fried chicken	*pollo frito*
baked chicken	*pollo al horno*
baked potato	*papa al horno*
mixed vegetables	*vegetales mixtos*

PRÁCTICA 2
Llene los espacios con el superlativo de los adjetivos entre paréntesis.

1. The baked chicken is (tasty) _____ item on the menu.

2. The fried chicken is (cheap) _____ item on the menu.

3. The tossed salad is (healthy) _____ item on the menu.

4. The coffee here is (bad) _____ in town.

5. Their steak is (delicious) _____ in the city.

RESPUESTAS PARA LAS PRÁCTICAS
PRÁCTICA 1: 1. the slowest; **2.** the best; **3.** the coldest; **4.** the greatest; **5.** the most expensive

PRÁCTICA 2: 1. the tastiest; **2.** the cheapest; **3.** the healthiest; **4.** the worst; **5.** the most delicious

—————————— Lección 31 (oraciones) ——————————

La comida en el restaurante y cómo pedir comida rápida

LISTA DE ORACIONES 1
Can I take your order?	*¿Puedo tomarle el pedido?/¿Está/Están listos para pedir?*
I'd like the number three value meal.	*Quisiera el plato especial número tres.*
I'd like an order of french fries.	*Quisiera una porción de papas fritas.*

I'd like a bowl of chili.	*Quisiera (comer) un cuenco de chile con carne.*
I'd like two eggs.	*Quisiera (comer) dos huevos.*
How would you like them cooked?	*¿Cómo los quiere?*
Over medium.	*Un huevo frito, medio cocido, la yema no muy dura.*
Over easy.	*Un huevo frito, la yema blanda.*
Anything else with that?	*¿Algo más?*
Would you like some sauce with that?	*¿Le gustaría acompañarlo con salsa?*
I'd like a ham and cheese sandwich on rye.	*Quisiera (comer) un bocadillo de jamón y queso en pan de centeno.*
What would you like on it?	*¿Con qué quisiera el bocadillo?*
Lettuce, tomato, mayonnaise, and mustard.	*Con lechuga, tomate, mayonesa, y mostaza.*
Anything to drink?	*¿Algo para tomar?*
I'd like a medium soda.	*Quisiera un refresco mediano.*

PUNTO GRAMATICAL 1

WOULD YOU LIKE? *(¿QUISIERAS/QUISIERA?)* Y I WOULD LIKE *(YO QUISIERA)*

Utilice **would like** para pedir algo que usted quiere. **Would like** es más cortes que **to want** *(querer)*. Fíjese que los pronombres de sujeto se suelen contraer con **would**.

I would like/I'd like a hamburger.
Yo quisiera una hamburguesa.

She would like/She'd like a cup of coffee.
Ella quisiera una taza de café.

They would like/They'd like to order.
Ellos quisieran hacer el pedido.

Utilice **would** + sujeto + **like** para ofrecimientos o invitaciones corteses.

Would you like a hamburger?
¿Quisieras/Te apetecería una hamburguesa?

Would she like a cup of coffee?
¿Quisiera ella/Le apetecería a ella una taza de café?

Would they like to order?
¿Quisieran/Les apetecería a ellos pedir?

Fíjese que la forma infinitiva del verbo o un sustantivo pueden ir después de **would you like?** y **would like.**

PRÁCTICA 1
Cambie los siguientes ofrecimientos e invitaciones con **want,** a ofrecimientos e invitaciones más corteses con **would like.**

1. I want an order of french fries.

2. Do you want to order?

3. They want two eggs.

4. How do they want them cooked?

5. What do you want with that?

LISTA DE ORACIONES 2

May I take your order?	*¿Puedo tomar su pedido?*
Are you ready to order?	*¿Está listo para pedir?*
I'll have the prime rib.	*Me gustaría pedir la costilla.*
How would you like that cooked?	*¿Qué término la prefiere?*
Rare./Medium-rare./ Well-done.	*Poco asado./Al punto./Bien cocido.*
A salad comes with that (dish).	*Ese plato viene con ensalada.*

Would you like an appetizer?	*¿Le gustaría un aperitivo?*
Would you like a side dish with that?	*¿Le gustaría algún acompañante para el plato?*
Would you like a salad with that?	*¿Quisiera una ensalada?*
Anything to drink?	*¿Algo para tomar?*
Would you care for some dessert?	*¿Quisiera algún postre?*
I'd like the chocolate cake.	*Quisiera el pastel de chocolate.*
Could I have the check, please?	*¿Podría traerme la cuenta, por favor?/ ¿Me podría traer la cuenta, por favor?*

NOTAS

I'll have se utiliza también en vez de **I'd like** cuando se pide comida en un restaurante. Es menos cortés que **I'd like,** pero más cortés que **I want.** Fíjese que también los meseros en los restaurante utilizan **Would you care for . . . ?** (o, **Would you care to . . . ?**) en vez de **Would you like . . . ?** cuando le preguntan al cliente lo que quiere de una forma cortés—por ejemplo, **Would you care for bottled water?** *(¿Quisiera [beber] agua mineral en botella?)*

PRÁCTICA 2
Llene los espacios con las siguientes palabras.

an order of, a bowl of, would you like, take, to drink, with that

1. Can I _____ your order?

2. Yes, please. I'd like _____ chili.

3. _____ anything else _____?

4. Yes. I'd like _____ french fries.

5. Anything _____?

PRÁCTICA 3
Corrija las siguientes oraciones.

1. My chili is gooder than yours.

2. The french fries are tastyer than the baked potato.

3. Would like you a side of mixed vegetables?

4. I'd want a cup of coffee, please.

5. A cheeseburger is more cheaper than a steak.

RESPUESTAS PARA LAS PRÁCTICAS
PRÁCTICA 1: 1. I'd like an order of french fries. **2.** Would you like to order? **3.** They'd like two eggs. **4.** How would they like them cooked? **5.** What would you like with that?

PRÁCTICA 2: 1. take; **2.** a bowl of; **3.** Would you like, with that; **4.** an order of; **5.** to drink

PRÁCTICA 3: 1. My chili is better than yours. **2.** The french fries are tastier than the baked potato. **3.** Would you like a side of mixed vegetables? **4.** I'd like a cup of coffee, please. **5.** A cheeseburger is cheaper than a steak.

--------- Lección 32 (conversaciones) ---------

En el restaurante

CONVERSACIÓN 1
Carlos is having dinner at a restaurant. He is ready to place his order.

> **Waiter:** May I take your order?
> **Carlos:** Yes, please. I'd like the prime rib.
> **Waiter:** Excellent choice. How would you like that cooked?
> **Carlos:** Medium-rare.

Waiter:	That comes with a salad. What kind of dressing would you like?
Carlos:	What kinds are there?
Waiter:	Ranch, blue cheese, Italian, and creamy Italian.
Carlos:	Ranch, please.
Waiter:	That also comes with a choice of baked potato or rice.
Carlos:	I'll have the baked potato, please.
Waiter:	Would you like a side of mixed vegetables with that?
Carlos:	No, thanks.
Waiter:	Anything to drink?
Carlos:	Yes. I'd like a small iced tea and some water.
Waiter:	Can I get you anything else?
Carlos:	No, that's it.
Waiter:	Okay, I'll be right back with your iced tea and water.
Carlos:	Thanks.

Carlos está cenando en un restaurante. Está listo para hacer su pedido.

Mesero:	¿Puedo tomar su pedido?
Carlos:	Sí, por favor. Quisiera (pedir) la costilla.
Mesero:	Excelente selección. ¿Qué término la prefiere?
Carlos:	Al punto.
Mesero:	Ese plato viene con ensalada. ¿Qué tipo de aderezo le gustaría?
Carlos:	¿Qué aderezos hay?
Mesero:	Ranch (aderezo cremoso), blue cheese (queso de vaca/queso azul), Italian (italiano), y creamy Italian (italiano cremoso).
Carlos:	El aderezo ranch, por favor.
Mesero:	Ese plato también viene con papa al horno o con arroz.
Carlos:	Me gustaría (pedir) la papa al horno, por favor.
Mesero:	¿Le gustaría una porción de vegetales mixtos?
Carlos:	No, gracias.

Mesero:	¿Algo para tomar?
Carlos:	Sí. Quisiera (beber) un té helado y un poco de agua.
Mesero:	¿Algo más?
Carlos:	No, eso es todo.
Mesero:	Muy bien. Ya regreso con el té helado y el agua.
Carlos:	Gracias.

PRÁCTICA 1
Responda las siguientes preguntas sobre la conversación 1.

1. What is Carlos ordering?

2. What does that come with?

3. Does he want any mixed vegetables?

4. What does he want to drink?

CONVERSACIÓN 2
Carlos is finished with his meal. The waiter asks him about dessert.

Waiter:	Was everything all right?
Carlos:	Everything was great, thanks.
Waiter:	Would you like to see a dessert menu?
Carlos:	What do you recommend?
Waiter:	The chocolate cake is my favorite.
Carlos:	Does it have any nuts?
Waiter:	No, it doesn't.
Carlos:	How is the apple pie?
Waiter:	The apple pie is good, but the cherry pie is better.
Carlos:	Which pie is sweeter?
Waiter:	The apple pie is sweeter than the cherry pie, but the cherry pie is fresher.
Carlos:	That sounds delicious. I'll have a slice of cherry pie, with ice cream.
Waiter:	Would you like some coffee with that?

Carlos:	Yes, please. And could I have the check? I'm in a rush.
Waiter:	No problem. I'll bring those out right away.

Carlos termina su comida. El mesero le pregunta si desea un postre.

Mesero:	¿Estuvo todo bien?
Carlos:	Todo estuvo muy bien, gracias.
Mesero:	¿Le gustaría ver el menú de postres?
Carlos:	¿Qué me recomienda?
Mesero:	La torta de chocolate es mi favorita.
Carlos:	¿Tiene nueces?
Mesero:	No, no tiene.
Carlos:	¿Y qué tal la tarta de manzanas?
Mesero:	La tarta de manzana es buena, pero la tarta de cereza es mejor.
Carlos:	¿Cuál tarta es más dulce?
Mesero:	La tarta de manzana es más dulce que la tarta de cereza, pero la tarta de cereza está más fresca.
Carlos:	Me parece delicioso. Quisiera un trozo de tarta de cereza con helado.
Mesero:	¿Le gustaría un café con eso?
Carlos:	Sí, por favor. ¿Y me podría traer la cuenta? Tengo prisa.
Mesero:	No hay ningún problema. Traeré las dos cosas ahora mismo.

PRÁCTICA 2
Responda las siguientes preguntas sobre la Conversación 2.

1. Does Carlos want any dessert?

2. What does the waiter recommend?

3. Is the cherry pie sweeter than the apple pie?

4. What does Carlos order for dessert?

5. Does he want any coffee?

PUNTO GRAMATICAL 1

HACIENDO SUGERENCIAS CON LET'S Y WHY DON'T WE

Utilice **Let's** o **Why don't we** + la forma del verbo sin conjugar para hacer sugerencias. Fíjese que se necesita un signo de interrogación al final de una sugerencia con **Why don't we**.

Let's go to a restaurant for dinner.

Vamos a un restaurante a cenar.

Why don't we go to a restaurant for dinner?

¿Por qué no vamos a cenar a un restaurante?

La forma negativa de **Let's** es **Let's not**.

Let's not wash the dishes.

No lavemos los platos.

Let's not buy any fish.

No compremos pescado.

Let's not go to a restaurant.

No vayamos a un restaurante.

No hay una forma negativa para **Why don't we**.

PRÁCTICA 3

Ponga las palabras en orden correcto para hacer sugerencias con **Let's** o **Why don't we**.

1. fast food/not/eat/let's/tonight

2. to/a Mexican restaurant/we/don't/why/go/for dinner

3. pizza/have/let's

4. we/steak/don't/for dinner/why/make

5. a slice/for/let's/of/order/pie/dessert

Las propinas son muy importantes para las personas que trabajan en restaurantes, transporte público, aeropuertos y otros trabajos que requieren dar algun tipo de servicio al cliente. Por lo general, en los restaurantes no se incluye la propina. Se debe dejar una propina, siempre y cuando el servicio haya sido adecuado. Lo esperado es el 15% de la cuenta. Si el servicio fue muy bueno, se suele dejar el 20%. Si el servicio fue lento o malo, se puede dejar menos del 15% o no dejar nada. También tenga en cuenta que el precio que aparece en el menú muchas veces no incluye las tasas de impuesto. A la cuenta final le añaden el impuesto. Si no está seguro si la propina está incluida, pregunte al camarero o mesera.

A los taxistas también se les deja propina. Por lo general el 15%. A los maleteros en los aeropuertos se les da de $1.00 a $2.00, o más, dependiendo de cuántas maletas usted tenga.

A los botones del hotel se les da uno o dos dólares. A las personas que llevan a su casa la comida que usted pidió por teléfono, se les da alrededor de dos dólares, pero no tiene que ser el 15%.

RESPUESTAS PARA LAS PRÁCTICAS

PRÁCTICA 1: 1. The prime rib. **2.** Salad and a choice of baked potato or rice. **3.** No, he doesn't. **4.** A small iced tea and some water.

PRÁCTICA 2: 1. Yes, he does. **2.** The chocolate cake. **3.** No, it isn't. **4.** A slice of cherry pie with ice cream. **5.** Yes, he does.

PRÁCTICA 3: 1. Let's not eat fast food tonight. **2.** Why don't we go to a Mexican restaurant for dinner? **3.** Let's have pizza. **4.** Why don't we make steak for dinner? **5.** Let's order a slice of pie for dessert.

LO ESENCIAL DE LA UNIDAD 8

Éstas son algunas frases y oraciones esenciales de la Unidad 8 para repasar.

May I take your order?	*¿Puedo tomar su pedido?*
I'd like the baked chicken.	*Me gustaría (comer) el pollo al horno.*
What side dish would you like with that?	*¿Le gustaría un acompañante con eso?*
Would you care for an appetizer?	*¿Le gustaría comer un aperitivo?*
I'd like a tossed salad.	*Me gustaría (beber) una ensalada revuelta.*
What would you like on it?	*¿Que aderezo le gustaría?*
Italian dressing.	*Aderezo italiano.*
Anything to drink?	*¿Algo para tomar?*
I'd like a medium soda.	*Me gustaría (beber) un refresco mediano.*
I'd like a glass of water.	*Quisiero un vaso de agua.*
This is the best cup of coffee in town.	*Ésta es la mejor taza de café de la ciudad.*
You have the most delicious desserts in town.	*Ustedes tienen los postres más deliciosos de la ciudad.*
A hamburger is cheaper than a steak.	*Una hamburguesa es más barata que un bistec.*
Could I have the check, please?	*¿Podría traerme la cuenta, por favor?*
Let's go to a restaurant for dinner.	*Vamos a un restaurante a cenar.*

UNIDAD 9
En el trabajo

En esta unidad usted va a aprender palabras y expresiones que se utilizan en el trabajo; por ejemplo, cómo nombrar las diferentes profesiones y habilidades. También cómo hablar de posibilidades futuras, problemas en el trabajo y cómo dar y recibir consejos.

———————— Lección 33 (palabras) ————————

Las profesiones

Add these words to your flash cards. *(Añada estas palabras a sus fichas.)*

LISTA DE PALABRAS 1

accountant	*el/la contador/a*
architect	*el/la arquitecto/a*
babysitter	*el/la niñero/a*
carpenter	*el/la carpintero/a*
cashier	*el/la cajero/a*
chef/cook	*el/la cocinero/a, jefe de cocina*
computer programmer	*el/la programador/a de computadoras*
custodian	*el/la guardián/a, conserje*
doctor	*el/la doctor/a*
firefighter	*el/la bombero/a*
landscaper	*el/la paisajista*
hairdresser	*el/la peluquero/a*
health-care aide	*el/la ayudante de enfermería*
housekeeper	*el/la empleado/a doméstico/a*
journalist	*el/la periodista*

PUNTO GRAMATICAL 1

USANDO DON'T HAVE TO *(NO TENGO QUE)* **AND** MUSTN'T *(NO DEBO)*
En la Unidad 6 se mostró el uso de **have to** *(tengo que)* para expresar obligación.

I have to work on Monday.
Tengo que trabajar el lunes.

La forma negativa de **have to—don't have to, doesn't have to**—se utiliza para decir que *algo no es necesario*. No indica que algo está prohibido, sino que no hay necesidad de hacerlo.

I don't have to work on Sunday.
No tengo que trabajar el domingo.

Carlos doesn't have to cut the grass.
Carlos no tiene que cortar el césped.

John and Julie don't have to take the bus to work.
John y Julie no tienen que tomar el autobús para ir al trabajo.

Para decir que *algo está prohibido*, utilice **must not** o **mustn't** + el verbo sin conjugar.

I mustn't drive and drink alcohol.
No debo conducir y tomar bebidas alcohólicas.

You mustn't steal.
No debes/debe robar.

José and Luisa mustn't be late for school.
José y Luisa no deben llegar tarde a la escuela.

PRÁCTICA 1

Llene los espacios con **mustn't** o **don't have to/doesn't have to**.

1. Carlos has to work on Fridays, but he _____ work on the weekends.

2. Young children in the U.S. have to go to school. They _____ work; it's against the law.

3. Children _____ play with fire. It's dangerous.

4. I _____ drive to work. I usually take the bus.

5. John _____ cut the grass. His daughter usually cuts the grass.

LISTA DE PALABRAS 2

lawyer	*el/la abogado/a*
machine operator	*el/la operador/a de máquinas*
mail carrier	*el/la cartero/a*
manager	*el/la supervisor/a*
mechanic	*el/la mecánico/a*
painter	*el/la pintor/a*
pharmacist	*el/la farmacéutico/a*
police officer	*el/la policía*
salesperson	*el/la vendedor/a, el/la dependiente/a*
secretary	*el/la secretario/a*
security guard	*el/la guardian/a*
stock clerk	*el/la empleado/a que despacha la mercancía en el almacén*
teacher	*el/la maestro/a*
translator	*el/la traductor/a*
travel agent	*el/la agente de viajes*

PRÁCTICA 2

Llene los espacios con **have/has to, mustn't,** o **don't/doesn't have to.**

1. Child: Can I watch TV?

   Parent: You _____ do your homework first.

2. Child: Do I have to eat my vegetables?

   Parent: You _____ eat all of them, but you _____ eat some of them.

3. Child: Can I go to Peter's house?

   Parent: Yes, but you _____ be home by 6:30 p.m. You _____ be late!

4. In England, you _____ drive on the left side of the road. But in the U.S., you _____ drive on the left side of the road.

5. John is from the U.S. He speaks English very well. He _____ study the English language.

RESPUESTAS PARA LAS PRÁCTICAS

PRÁCTICA 1: 1. doesn't have to; **2.** mustn't; **3.** mustn't; **4.** don't have to; **5.** doesn't have to

PRÁCTICA 2: 1. have to; **2.** don't have to, have to; **3.** have to, mustn't; **4.** have to, mustn't; **5.** doesn't have to

—————————— Lección 34 (frases) ——————————

Las habilidades profesionales

LISTA DE FRASES 1

(to) do taxes	*hacer los impuestos, preparar los impuestos*
(to) design buildings	*diseñar edificios*
(to) take care of children	*cuidar a los niños*
(to) build things	*construir cosas*
(to) use a cash register	*usar una caja registradora*
(to) cook	*cocinar*
(to) program computers	*programar computadoras*
(to) clean buildings	*limpiar edificios*
(to) see patients	*ver pacientes*
(to) fight fires	*apagar incendios*
(to) mow lawns, (to) cut lawns	*cortar el césped*
(to) cut hair	*cortar el pelo*

(to) clean houses	*limpiar casas*
(to) write articles	*escribir artículos*
(to) offer legal advice	*ofrecer asesoría jurídica*

PUNTO GRAMATICAL 1
EL FUTURO CON WILL

En la Unidad 6 se presentó **be + going** para hablar sobre planes futuros. También se utiliza **will** para hablar sobre el futuro. Para ofrecer ayuda, hacer una promesa o predecir el futuro, utilice el siguiente modelo: **will** + el verbo sin conjugar.

He will/He'll wash the dishes for you.
Él lavará los platos por usted.

I will/I'll call you tonight.
Te/Lo llamaré esta noche.

They will/They'll be famous someday.
Ellos/Ellas serán famosos/as algún día.

La forma negativa de **will** es **will not** o **won't**.

He won't help you.
Él no la/lo ayudará.

I won't tell him.
Yo no le diré.

They won't be here next week.
Ellos/Ellas no estarán aquí la próxima semana.

PRÁCTICA 1

Llene los espacios con el tiempo futuro de los verbos entre paréntesis, usando **will**.

1. I (do) _____ your taxes for you.

2. María (take) _____ care of the kids tonight.

3. You don't have to clean the house. John (clean) _____ it for you.

4. My brother is a mechanic. He (repair) _____ your car for you.

5. John: I need to write this letter in Spanish. Can you help me?

   Carlos: Sure, I (translate) _____ it for you.

LISTA DE FRASES 2

(to) operate equipment	*operar maquinaria*
(to) deliver mail	*repartir el correo*
(to) supervise people	*supervisar personas, supervisar gente*
(to) repair cars	*reparar vehículos*
(to) paint houses	*pintar casas*
(to) work at a pharmacy	*trabajar en una farmacia*
(to) enforce the law	*hacer cumplir la ley, imponer la ley*
(to) sell things	*vender cosas*
(to) type and (to) schedule appointments	*escribir a máquina y hacer citas*
(to) guard buildings	*custodiar edificios*
(to) stock shelves	*rellenar los estantes*
(to) teach students	*dar clases a estudiantes*
(to) translate documents	*traducir documentos*
(to) book trips	*hacer reservaciones de viajes*
(to) take care of elderly people	*cuidar ancianos/a la tercera edad*

PRÁCTICA 2

Empareje la profesión con la habilidad.

1. accountant   a. delivers mail

2. housekeeper   b. repairs cars

3. cashier   c. teaches students

4. mechanic   d. cleans houses

5. teacher	e. offers legal advice
6. lawyer	f. does taxes
7. custodian	g. takes care of children
8. landscaper	h. uses a cash register
9. babysitter	i. cleans buildings
10. mail carrier	j. mows lawns

RESPUESTAS PARA LAS PRÁCTICAS
PRÁCTICA 1: 1. will do; **2.** will take; **3.** will clean; **4.** will repair; **5.** will translate

PRÁCTICA 2: 1. f; **2.** d; **3.** h; **4.** b; **5.** c; **6.** e; **7.** i; **8.** j; **9.** g; **10.** a

─────────── Lección 35 (oraciones) ───────────

Hablando sobre el trabajo

LISTA DE ORACIONES 1

What do you do?	*¿A qué te dedicas?/¿A qué se dedica?*
I'm a journalist.	*Soy periodista.*
What does an architect do?	*¿Qué hace un arquitecto?*
An architect designs buildings.	*Un arquitecto diseña edificios.*
That sounds interesting.	*Parece interesante.*
Where do you work?	*¿Dónde trabajas/a?*
I work at a large company in the city.	*Trabajo en una compañía grande de la ciudad.*
How did you find your job?	*¿Cómo encontraste tu trabajo?/¿Cómo encontró su trabajo?*
I found it in the classified ads.	*Lo encontré en los avisos clasificados.*
How do you like your job?	*¿Te gusta tu trabajo?/¿Le gusta su trabajo?*

It's not bad.	*No está mal.*
It has good (medical) benefits.	*Tiene buenos beneficios médicos/beneficios de salud.*
Are you going to look for another job?	*¿Vas/Va a buscar otro trabajo?*
Maybe I will.	*Quizás lo haga.*

Notas

Fíjese que la pregunta **What do you do?** se refiere al oficio de la persona y no a lo que la persona está haciendo en este momento. También se puede usar la frase **What do you do for a living?** Si desea preguntarle a alguien qué está haciendo en este momento use **What are you doing?**

PUNTO GRAMATICAL 1
Oraciones condicionales con IF Y WILL o IF Y BE GOING TO (EL CONDICIONAL REAL)

Cuando se tiene la certeza de que una situación o un hecho tendrá lugar, siempre y cuando ocurra la condición mencionada, se utiliza **if** y el tiempo presente del verbo para la condición.

If I go to México, . . .
Si voy a México, . . .

Para el resultado, se utiliza el tiempo futuro: **will** o **be going to.**

If I go to México, I will visit her.
Si voy a México, la visitaré.

If I have time, I am going to go with you.
Si tengo tiempo, iré contigo/con usted.

If I am rich, I will buy a big house.
Si me hago rico, compraré una casa grande.

Fíjese que se expresa igual que en español.

PRÁCTICA 1

Llene los espacios con la forma correcta de los verbos entre paréntesis, usando el condicional real.

1. If I (finish) _____ at the university, I (get) _____ a better job.
2. If Carlos (come) _____ home late, he (eat, not) _____ dinner.
3. If Luisa (get) _____ up late, she (miss) _____ the bus.
4. If John (find) _____ a better job, he (be) _____ happier.
5. If María (go) _____ to the city, she (visit) _____ her family.

LISTA DE ORACIONES 2

What kind of job would you like in the future?	*¿Qué tipo de trabajo te/le gustaría (hacer) en el futuro?*
I'd like to be a manager.	*Me gustaría ser un supervisor.*
I'm looking for a full-time job.	*Estoy buscando un trabajo de tiempo completo.*
I'm calling about your job notice.	*Llamo para averiguar sobre el aviso de trabajo.*
Is the job still available?	*¿Está todavía disponible el trabajo?*
I'll send you my résumé.	*Le enviaré mi historial de trabajo.*
Can I come in for an interview?	*¿Podría ir para una entrevista?*
Do you have any experience?	*¿Tiene usted alguna experiencia?*
Yes, a little.	*Sí, un poco.*
Yes, I'm very experienced.	*Sí, tengo mucha experiencia.*
Does the job include (medical) benefits?	*¿Incluye beneficios médicos el trabajo?*
What are the hours?	*¿Cuáles son las horas de trabajo?*
Can you tell me about the salary?	*¿Me podría decir algo sobre el salario?*

PRÁCTICA 2

Llene los espacios con la forma correcta de los verbos entre paréntesis usando el condicional real.

1. If I (become) _____ an architect, I (design) _____ buildings.

2. If Carlos (go) _____ to a university, he (become) _____ a lawyer.

3. Luisa (learn) _____ a lot, if she (study) _____ in school.

4. José (play) _____ soccer, if he (finish) _____ his homework.

5. If Julie (need) _____ help, John (help) _____ her.

PRÁCTICA 3

Corrija las siguientes oraciones.

1. If you will eat vegetables, you will be healthy.

2. I going to get a better job if I finish at the university.

3. You going to buy a house if you get a better job?

4. I will to help you.

5. John works tomorrow if his boss calls him.

Sugerencia

Usando podcasts

Un **podcast** es un archivo de audio que usted puede descargar en su computadora o en su reproductor MP3. **I-Tunes** tiene un sitio donde usted puede buscar archivos de audio para aprender inglés. Si usted se suscribe a estos sitios, **I-Tunes** le descargará automáticamente los últimos archivos. Estas suscripciones generalmente son gratis.

RESPUESTAS PARA LAS PRÁCTICAS

PRÁCTICA 1: 1. finish, am going to/will get; **2.** comes, isn't going to/won't eat; **3.** gets, is going to/will miss; **4.** finds, is going to/will be; **5.** goes, is going to/will visit

PRÁCTICA 2: 1. become/will design; **2.** goes, is going to/will become; **3.** is going to/will learn, studies; **4.** is going to/will play, finishes; **5.** needs, is going to/will help

PRÁCTICA 3: 1. If you eat vegetables, you will be healthy. **2.** I am going to get a better job if I finish at the university. **3.** Are you going to buy a house if you get a better job? **4.** I will help you. **5.** John is going to/will work tomorrow if his boss calls him.

───────── Lección 36 (conversaciones) ─────────

Dando consejos sobre el trabajo

CONVERSACIÓN 1
Carlos asks John about his job. John doesn't like his job very much.

Carlos: What do you do?

John: I'm a computer programmer. I write computer software.

Carlos: That's interesting. Where do you work?

John: I work at a small company called MicroTech. But I'm looking for another job.

Carlos: Why?

John: I don't like my boss, and the salary isn't very good.

Carlos: That's too bad. Are you looking in the classified ads?

John: Yeah, I looked in the classified ads last weekend, but I didn't find anything.

Carlos: I heard there's going to be a career fair at the university next week. You should check it out.

John: Good idea. If I find anything good, I'll let you know.

Carlos: Good luck!

John: Thanks!

Carlos le pregunta a John sobre su trabajo. A John no le gusta mucho su trabajo.

Carlos:	*¿A qué te dedicas?*
John:	*Soy programador de computadoras. Escribo programas para las computadoras.*
Carlos:	*Muy interesante. ¿Dónde trabajas?*
John:	*Trabajo en una compañía pequeña que se llama MicroTech. Pero estoy buscando otro trabajo.*
Carlos:	*¿Por qué?*
John:	*No me cae bien mi jefe, y el salario no es muy bueno.*
Carlos:	*Qué lástima. ¿Estás buscando en los clasificados del periódico?*
John:	*Sí, miré los anuncios clasificados la semana pasada, pero no encontré nada.*
Carlos:	*Escuché que va a haber una feria de empleos en la universidad la próxima semana. Deberías ir.*
John:	*Buena idea. Si encuentro algo bueno, te aviso.*
Carlos:	*¡Buena suerte!*
John:	*¡Gracias!*

PRÁCTICA 1
Responda las siguientes preguntas sobre la Conversación 1.

1. What does John do?

2. Does he work at a large company?

3. Does he like his boss?

4. Where did he look for a new job?

5. Where is he going to look for a job next week?

PUNTO GRAMATICAL 1
ORACIONES CONDICIONALES CON IF Y WOULD (EL CONDICIONAL IRREAL)
En la lección anterior, se presentó el condicional real para hablar o expresar posibilidades futuras. Cuando una situación

es contraria a la realidad del presente, o cuando un hecho es hipotético, se utiliza **if** y el tiempo pasado del verbo para expresar la condición.

If I went to México, . . .
Si yo fuera a México, . . .

If I lived in a bigger house, . . .
Si yo viviera en una casa más grande, . . .

If I didn't have children, . . .
Si yo no tuviera hijos, . . .

Para el resultado, se utiliza **would** + el verbo sin conjugar.

If I went to Mexico, I would visit her.
Si yo fuera a México, la visitaría.

If I had time, I would go with you.
Si yo tuviera tiempo, iría contigo.

If I were rich, I would buy a big house.
Si yo fuera rico/a, compraría una casa grande.

Fíjese que se expresa igual en español.

NOTAS
En el condicional irreal, la forma del verbo **to be** (después de **if**) es siempre **were,** sin importar el sujeto.

La condición irreal por lo general se utiliza cuando usted se imagina que está en el lugar de otra persona y le da consejos a esa persona. La condición irreal es, **If I were you, . . .**

If I were you, I would look for another job.
Si yo fuera tú, buscaría otro trabajo.

If I were you, I would ask for a raise.
Si yo fuera tú, pediría un aumento.

If I were you, I would talk to the boss.
Si yo fuera tú, hablaría con el jefe.

Las oraciones de condiciones irreales también pueden usar otros sujetos, como en los siguientes ejemplos.

If he were an architect, he would make more money.
Si él fuera un arquitecto, ganaría más dinero.

If she were a mechanic, she would fix your car.
Si ella fuera mecánica, repararía tu coche.

If they were from Colombia, they would speak Spanish.
Si ellos/ellas fueran de Colombia, hablarían español.

PRÁCTICA 2
Llene los espacios con la forma correcta de los verbos entre paréntesis, usando el condicional irreal.

1. If I (like) _____ my job, I (be) _____ happier.

2. If Carlos (be) _____ a doctor, he (work) _____ in a hospital.

3. If John (have, not) _____ a job, he (have, not) _____ much money.

4. If María (have) _____ more time, she (read) _____ more books.

5. If Luisa and José (go) _____ to bed earlier, they (feel) _____ better.

CONVERSACIÓN 2
John asks Carlos about his job. Carlos has a problem and John offers some advice.

> John: How's work?
> Carlos: Not so good.

John: Why? What's the matter?

Carlos: Well, my coworker made a big mistake. But our boss blamed me. She was very upset.

John: Did you tell your boss the truth?

Carlos: No. I didn't want to get my coworker in trouble.

John: Does your coworker know?

Carlos: Yes, I think so.

John: Did you talk to him?

Carlos: No.

John: If I were you, I'd talk to your coworker.

Carlos: You would?

John: Yes! And then, if he didn't tell your boss the truth, I would go to your boss and tell her.

Carlos: If I told my boss, my coworker might lose his job.

John: But that's not your fault.

Carlos: I know. Maybe you're right. I'm going to think about this.

John: Okay. Good luck with this.

Carlos: Thanks for your advice.

John: No problem.

John le pregunta a Carlos sobre su trabajo. Carlos tiene un problema y John lo aconseja.

John: *¿Cómo va tu trabajo?*

Carlos: *No muy bien.*

John: *¿Por qué? ¿Qué pasa?*

Carlos: *Pues, mi compañero de trabajo cometió un gran error. Pero nuestra jefa me echó la culpa a mí. Estaba muy enojada.*

John: *¿Le dijiste la verdad a tu jefa?*

Carlos: *No. No quise meter a mi compañero en problemas.*

John: *¿Y lo sabe tu compañero?*

Carlos: *Sí, creo que sí.*

John: *¿Y hablaste con él?*

> Carlos: No.
>
> John: Si yo fuera tú, hablaría con tu compañero de trabajo.
>
> Carlos: ¿Hablarías con él?
>
> John: ¡Sí! Y si tu compañero no le dice la verdad a tu jefa, yo le diría la verdad a la jefa.
>
> Carlos: Si yo se le digo a mi jefa, mi compañero podría perder su trabajo.
>
> John: Pero eso no es culpa tuya.
>
> Carlos: Lo sé. Quizás tengas razón. Lo voy a pensar.
>
> John: Bueno. Buena suerte con eso.
>
> Carlos: Gracias por tus consejos.
>
> John: No hay de qué.

NOTAS

En **I'd talk to your coworker, I would** se contrae a **I'd.** Los pronombres de sujeto a menudo se contraen con **would.**

I'd talk *(yo hablaría)*

you'd talk *(tú hablarías/usted hablaría)*

he'd talk *(él hablaría)*

she'd talk *(ella hablaría)*

they'd talk *(ellos hablarían)*

we'd talk *(nosotros hablaríamos)*

NOTAS

Fíjese en la frase **My coworker might lose his job.** En ese caso se puede utilizar **might** en vez de **would.** Se puede utilizar **might** en el condicional irreal para indicar que el resultado imaginario es posible; en otras palabras, puede haber otros resultados imaginarios.

PRÁCTICA 3

Responda las siguientes preguntas sobre la Conversación 2.

1. What did Carlos's coworker do?

2. What did Carlos's boss do?

3. Did Carlos talk to his coworker?

4. What would John do?

5. What is Carlos going to do?

RESPUESTAS PARA LAS PRÁCTICAS

PRÁCTICA 1: 1. He's a computer programmer. **2.** No, he doesn't. **3.** No, he doesn't. **4.** In the classified ads. **5.** At a career fair.

PRÁCTICA 2: 1. liked, would be; **2.** were, would work; **3.** didn't have, would not have; **4.** had, would read; **5.** went, would feel

PRÁCTICA 3: 1. He made a mistake. **2.** She blamed Carlos. **3.** No, he didn't. **4.** He'd talk to his coworker. **5.** He's going to think about this.

LO ESENCIAL DE LA UNIDAD 9

Éstas son algunas frases y oraciones esenciales de la Unidad 9 para repasar.

What do you do?	*¿A qué te/se dedicas/a?*
I'm a secretary.	*Soy secretario/a.*
Where do you work?	*¿Dónde trabajas/a?*
I work at a small company in the city.	*Trabajo en una compañía pequeña en la ciudad.*
How do you like your job?	*¿Te gusta tu trabajo?/¿Le gusta su trabajo?*
It's not bad.	*No está mal.*
I like it a lot.	*Me gusta mucho.*
It has good medical benefits.	*Tiene buenos beneficios médicos.*
What kind of job would you like in the future?	*¿Que tipo de trabajo te/le gustaría (hacer) en el futuro?*
I'd like to be a mechanic.	*Me gustaría ser mecánico.*
How's work?	*¿Cómo va el trabajo?*
Not so good.	*No muy bien.*
What would you do?	*¿Qué harías?*
I'd talk to the boss.	*Yo hablaría con el jefe/la jefa.*
Maybe I will.	*Quizás lo haga.*

UNIDAD 10
Actividades recreativas y pasatiempos

En esta última unidad usted va a aprender a hablar sobre actividades que usted realiza durante su tiempo libre, como jugar deportes, mirar actividades deportivas y ver películas. También va a aprender a hablar sobre las experiencias del pasado: cosas que hizo y eventos que ocurrían habitualmente.

———————— Lección 37 (palabras) ————————

Actividades recreativas y pasatiempos

Add these words to your flash cards. (*Añada estas palabras a sus fichas.*)

LISTA DE PALABRAS 1

to camp	*acampar*
to hike	*ir de excursión por las montañas*
to climb	*escalar*
to bike	*montar en bicicleta*
to jog	*trotar*
to run	*correr*
to walk	*caminar*
to bowl	*jugar al boliche, jugar a los bolos*
tennis	*el tenis*
baseball	*el béisbol*
golf	*el golf*
soccer	*el fútbol*
to ski	*esquiar*

| to fish | *pescar* |
| to swim | *nadar* |

PUNTO GRAMATICAL 1
Usando can (PODER)

Can expresa la habilidad y la posibilidad de hacer algo. Utilice el verbo sin conjugar con **can**.

I can speak English.
Yo puedo hablar inglés.

She can run fast.
Ella puede correr rápido.

They can ski.
Ellos pueden esquiar.

La forma negativa de **can** es **cannot** o, más común, **can't**.

I can't speak Chinese.
Yo no puedo hablar chino.

She can't swim.
Ella no puede nadar.

They can't golf.
Ellos no pueden jugar al golf.

Notas

Cuando se usa como sustantivo, la palabra **can** significa **lata**—por ejemplo, **Would you like a can of soda?** (*¿Quisieras una lata de refresco?*)

PRÁCTICA 1

Llene los espacios con **can** o **can't** y los verbos entre paréntesis.

1. A little baby (ski) _____.

2. A bird (walk) _____.

---

3. A fish (swim) _____.

4. A dog (bowl) _____.

5. A cat (climb) _____ a tree.

LISTA DE PALABRAS 2

theater	*el teatro*
concert	*el concierto*
opera	*la ópera*
movie	*la película*
drama	*la obra dramática*
comedy	*la comedia*
western	*de vaqueros*
musical	*el musical*
music	*la música*
band	*la banda*
rock 'n' roll	*el rock 'n' roll*
classical	*clásica*
game	*el juego, el partido*
play	*la obra*
actor	*el actor*

PRÁCTICA 2

¿Qué puede hacer? ¿Qué no puede hacer? Forme oraciones sobre usted mismo utilizando **I can** o **I can't** y las palabras entre paréntesis.

1. (ski) _____

2. (play soccer) _____

3. (sing) _____

4. (play tennis) _____

5. (speak English) _____

RESPUESTAS PARA LAS PRÁCTICAS

PRÁCTICA 1: 1. can't ski; **2.** can walk; **3.** can swim; **4.** can't bowl; **5.** can climb

PRÁCTICA 2: 1. I can ski./I can't ski. **2.** I can play soccer./I can't play soccer. **3.** I can sing./I can't sing. **4.** I can play tennis./I can't play tennis. **5.** I can speak English./I can't speak English.

--------- Lección 38 (frases) ---------

Hablando sobre las actividades y los hábitos del pasado

LISTA DE FRASES 1

to go camping	*ir a acampar*
to go hiking	*ir de excursión*
to go rock climbing	*ir a escalar peñascos*
to go running	*ir a correr*
to go bowling	*ir a jugar boliche/a los bolos*
to play tennis	*jugar al tenis*
to play baseball	*jugar al béisbol*
to throw the ball	*tirar/lanzar la pelota*
to catch the ball	*agarrar/recibir la pelota*
to play golf	*jugar al golf*
to play soccer	*jugar al fútbol*
to kick the ball	*patear la pelota*
to go skiing	*ir a esquiar*
to go fishing	*ir a pescar*
to go swimming	*ir a nadar*

PUNTO GRAMATICAL 1

Usando USED TO

Used to expresa una situación o hábito del pasado que ya no existe en el presente. Algo que se hacía habitualmente en el pasado, pero ya no se hace. El equivalente en español es el imperfecto (*comía, hacía, hablaba, escribía,* etc.) Para crear el imperfecto en inglés, utilice el verbo sin conjugar con **used to.**

I used to go skiing, but now I don't.

Yo esquiaba, pero ya no esquío.

She used to go fishing, but now she doesn't.

Ella pescaba, pero ya no pesca.

They used to play soccer, but now they don't.

Ellos/Ellas jugaban al fútbol, pero ya no juegan.

Para formar una pregunta con **used to,** utilice este modelo: **did +** sujeto + **use to.**

Did you use to go skiing a lot?

¿Esquiabas mucho?/¿Esquiaba usted mucho?

Did she use to go fishing?

¿Iba ella a pescar?

Did they use to play soccer?

¿Jugaban ellos/ellas al fútbol?

La forma negativa es **didn't use to.**

I didn't use to ski.

Yo no esquiaba.

She didn't use to fish.

Ella no pescaba.

They didn't use to play soccer.

Ellos/Ellas no jugaban al fútbol.

PRÁCTICA 1
Llene los espacios con **used to** y los verbos entre paréntesis.

1. I (go) _____ camping when I was a child.

2. María (play) _____ tennis a lot.

3. Luisa (like, not) _____ to go running, but now she does.

4. John and Julie (go) _____ swimming every weekend.

5. Carlos and José (play) _____ soccer in their backyard.

LISTA DE FRASES 2

movie theater	*el cine*
to see a movie	*ver una película*
movie times	*horario de películas*
movie ticket	*el boleto del cine*
dramatic comedy	*comedia dramática*
adventure movie	*película de aventuras*
action movie	*película de acción*
horror movie	*película de horror*
science fiction movie	*película de ciencia ficción*
to go to a concert	*ir a un concierto*
rock music	*música rock*
popular music	*música popular*
to see an opera	*ver una ópera*
to go to a play	*ir a una obra de teatro*
to go to a baseball game	*ir a un partido de béisbol*
to play the guitar	*tocar la guitarra*

PRÁCTICA 2
Llene los espacios con **used to** y los verbos entre paréntesis.

1. Luisa (see) _____ a movie every Friday night.

2. Carlos and María (like) _____ horror movies.

3. John (listen) _____ to rock music.

4. I (play, not) _____ the guitar a lot.

5. We (go) _____ to the movie theater every week.

RESPUESTAS PARA LAS PRÁCTICAS
PRÁCTICA 1: 1. used to go; **2.** used to play; **3.** didn't use to like; **4.** used to go; **5.** used to play

PRÁCTICA 2: 1. used to see; **2.** used to like; **3.** used to listen; **4.** didn't use to play; **5.** used to go

——————— Lección 39 (oraciones) ———————

Compartiendo experiencias de la vida

LISTA DE ORACIONES 1

I used to go camping a lot.	*Yo acampaba mucho.*
She can run ten miles.	*Ella puede correr diez millas.*
He walks three miles a day.	*Él camina tres millas cada día.*
I play tennis on the weekends.	*Yo juego al tenis los fines de semana.*
She goes skiing in the winter.	*Ella esquía en el invierno.*
They get a lot of exercise.	*Ellos/Ellas hacen mucho ejercicio.*
He used to play soccer when he was young.	*Él jugaba al fútbol cuando era joven.*
They're on a soccer team.	*Ellos/Ellas están en un equipo de fútbol.*
Good play!	*¡Buena jugada!*
Nice kick!	*¡Buena patada!*
They play baseball on a Little League team.	*Ellos/Ellas juegan al béisbol en un equipo infantil.*
Nice throw!	*¡Buena lanzada!*
Good catch!	*¡Buen agarre!*
Throw me the ball!	*¡Tírame la pelota!*
Swing the bat!	*¡Batea!*

PUNTO GRAMATICAL 1

COMPARTIENDO EXPERIENCIAS PASADAS DE LA VIDA CON EL PRETÉRITO PERFECTO

El tiempo pretérito perfecto o antepresente se conoce en inglés como *present perfect*. El pretérito perfecto expresa una actividad o situación que ocurrió (o no ocurrió) antes, pero sin especificar el momento en que ocurrió. Para formar el pretérito perfecto, utilice este modelo: **have/has** + el participio pasado del verbo. El participio pasado de la mayoría de los verbos en inglés es igual al tiempo pasado simple (por los verbos que terminan en -**ed**).

Verbo	Pasado simple	Participio pasado	Pretérito perfecto
to play	**played**	**played**	**I have played**
to clean	**cleaned**	**cleaned**	**I have cleaned**
to live	**lived**	**lived**	**I have lived**

He aquí una lista de algunos verbos irregulares en el tiempo pasado simple y el participio pasado.

Verbo	Pasado simple	Participio pasado	Pretérito perfecto
to eat	**ate**	**eaten**	**I have eaten**
to cut	**cut**	**cut**	**I have cut**
to write	**wrote**	**written**	**I have written**
to see	**saw**	**seen**	**I have seen**
to go	**went**	**gone**	**I have gone**

Verbo	Pasado simple	Participio pasado	Pretérito perfecto
to be	was/were	been	I have been
to get	got	gotten	I have gotten
to have	had	had	I have had
to do	did	done	I have done
to make	made	made	I have made
to sing	sang	sung	I have sung

Para formar el negativo del pretérito perfecto, utilice este modelo: **haven't/hasn't** + participio pasado. O, utilice este modelo: **have/has never** + participio pasado.

I haven't played soccer before.
Yo no he jugado al fútbol anteriormente.

She hasn't lived in Mexico.
Ella no ha vivido en México.

They have never been to a baseball game.
Ellos/Ellas nunca han asistido a un partido de béisbol.

PRÁCTICA 1
Llene los espacios con la forma correcta de los verbos entre paréntesis, usando el pretérito perfecto.

1. I (finish) _____ my homework.

2. Carlos (play) _____ golf.

3. Luisa and José (see) _____ the movie *Casablanca*.

4. John (eat, not) _____ at that restaurant.

5. María and Julie (go) _____ fishing.

LISTA DE ORACIONES 2

Have you seen that movie?	¿Has visto esa película?
No, I haven't (seen it).	No, no la he visto.
Have you ever been to a baseball game?	¿Has ido alguna vez a un partido de béisbol?
Yes, I have (been to one).	Sí, he ido.
Have they ever played soccer?	¿Han jugado ellos/ellas al fútbol alguna vez?
Yes, they have (played).	Sí, han jugado.
Has she ever run ten miles?	¿Ha corrido ella diez millas alguna vez?
No, she hasn't (run it).	No, no ha corrido.
Has he ever gone to a rock concert?	¿Ha ido él a un concierto de rock alguna vez?
Yes, he has (gone to one).	Sí, ha ido.
Have you ever eaten at that restaurant?	¿Has/Ha comido en ese restaurante alguna vez?
Yes, I have (eaten there).	Sí, he comido.
Has she ever gone to an opera?	¿Ha ido ella a la ópera alguna vez?
Yes, she has (gone to one).	Sí, ha ido.

Fíjese en las preguntas que empiezan con **Have you ever**. Éste es un uso común del pretérito perfecto cuando se va a preguntar sobre las experiencias de la vida. También fíjese que las respuestas son breves-por ejemplo, **Yes, I have** y **No, I haven't**. Es común responder preguntas que utilizan el tiempo pretérito perfecto con respuestas cortas como éstas.

PUNTO GRAMATICAL 2
El pasado simple y el pretérito perfecto

Como se mencionó anteriormente, el pretérito perfecto *(present perfect)* se utiliza para hablar del pasado (antes de ahora, del presente) sin especificar el tiempo exacto. Si se especifica el tiempo pasado, o se da por entendido, utilice el pasado simple *(simple past)* y no el pretérito perfecto.

I have eaten pizza before.
Yo he comido pizza antes.

I ate pizza yesterday.
Yo comí pizza ayer.

She has seen the movie *Casablanca*.
Ella ha visto la película Casablanca.

She saw *Casablanca* last weekend.
Ella vio Casablanca *el fin de semana pasado.*

They have gone skiing.
Ellos/Ellas se han ido a esquiar.

They went skiing last year.
Ellos/Ellas se fueron a esquiar el año pasado.

PRÁCTICA 2
Llene los espacios con la forma correcta de los verbos entre paréntesis usando el pretérito perfecto o el pasado simple.

1. Carlos (go) _____ fishing last Saturday.

2. John and Julie (play) _____ soccer before.

3. Luisa (go) _____ to a rock concert.

4. María and Jose (see, not) _____ a movie yesterday.

5. Carlos (be, not) _____ to a professional baseball game.

PRÁCTICA 3
Corrija las siguientes oraciones.

1. She can to speak English.

2. I use to run every day.

3. Have you ever be to the city?

4. They have watched TV yesterday.

5. John has ever eaten at that restaurant.

Sugerencia
Usando la música

Una excelente manera para aprender inglés es escuchar música e imprimir las letras de las canciones. Mientras las escucha, léalas o cántelas. Esto le ayudará a ver y a entender mejor las palabras y también le ayudará a pronunciarlas. Un sitio donde usted puede encontrar muchas de estas letras es www.lyrics-songs.com. O simplemente, cuando haga su búsqueda en la Internet, escriba **lyrics** seguido del nombre de la canción que quiera escuchar.

RESPUESTAS PARA LAS PRÁCTICAS

PRÁCTICA 1: 1. have finished; **2.** has played; **3.** have seen; **4.** has not eaten/has never eaten; **5.** have gone

PRÁCTICA 2: 1. went; **2.** have played; **3.** has gone; **4.** did not see; **5.** has not been/has never been

PRÁCTICA 3: 1. She can speak English. **2.** I used to run every day. **3.** Have you ever been to the city? **4.** They watched TV yesterday. **5.** John has never eaten at that restaurant./John has eaten at that restaurant.

———— Lección 40 (conversaciones) ————

Hablando sobre actividades recreativas y pasatiempos

CONVERSACIÓN 1
John and Carlos are talking about sports. John has an extra ticket to see a baseball game in Boston. He invites Carlos to the game.

John: Do you like baseball?

Carlos: Yes, I love it. I used to play baseball when I was young.

John: Me, too. I used to play baseball in high school.

Carlos: Do your children play?

John: Yes, they both play on Little League teams. How about your kids?

Carlos: No, they don't play baseball. They are both on soccer teams.

John: That's a good sport, too. I can't play soccer very well, but I like to watch it. Have you ever been to a professional baseball game?

Carlos: No, I haven't. Have you?

John: Yes, I've been to many games in New York and Boston. Would you like to go to a game in Boston this month? I have an extra ticket.

Carlos: I'd love to! When are you going to go?

John: The game is on the last Sunday of this month. It starts at 7:00 p.m., but I usually go early. I'd like to leave here at about noon. Is that all right with you?

Carlos: Sure! That will be fun!

John: Great! I look forward to it.

John y Carlos están hablando sobre deportes. John tiene un boleto extra para ver un partido de béisbol en Boston. John invita a Carlos.

John: *¿Te gusta el béisbol?*

Carlos: *Sí, me encanta. Yo jugaba al béisbol cuando era joven.*

John: *Yo también. Yo jugaba al béisbol cuando estaba en la escuela secundaria.*

Carlos: *¿Tus niños juegan al béisbol?*

John: *Sí, los dos juegan en equipos infantiles. ¿Y tus niños?*

Carlos: *No, ellos no juegan al béisbol. Los dos están en equipos de fútbol.*

John: *Es un buen deporte también. Yo no juego bien al fútbol, pero me gusta verlo. ¿Has ido a un partido de béisbol profesional alguna vez?*

Carlos: *No, no he ido. ¿Y tú?*

John: *Sí, he asistido a muchos partidos en Nueva York y en Boston. ¿Te gustaría ir a un partido en Boston este mes? Tengo un boleto extra.*

Carlos: *¡Me encantaría! ¿Cuándo vas a ir?*

John: *El partido es el último domingo de este mes. Empieza a las 7:00 de la tarde, pero normalmente voy temprano. Me gustaría salir alrededor del mediodía. ¿Está bien?*

Carlos: *¡Claro que sí! ¡Será muy divertido!*

John: *¡Muy bien! La vamos a pasar muy bien.*

PRÁCTICA 1

Conteste las siguientes preguntas sobre la Conversación 1.

1. Has Carlos ever played baseball?

2. Do John's children play baseball?

3. Do Carlos's children play baseball?

4. Has Carlos ever been to a professional baseball game?

5. When are they going to leave for Boston?

PUNTO GRAMATICAL 1

REPASO DE LOS TIEMPOS DE LOS VERBOS

Usted ya ha aprendido varios tiempos verbales. He aquí un repaso.

Presente simple	I play soccer every day. He plays soccer on Sundays. They don't play soccer.
Presente continuo	I am playing soccer now. He is playing soccer now. They aren't playing soccer now.

Pasado (pretérito) simple	I played soccer yesterday. He played soccer last Sunday. They didn't play soccer last week.
Pasado continuo	I was playing soccer at 6 p.m. He was playing soccer at 6 p.m. They weren't playing soccer at 6 p.m.
Futuro **be + going to**	I am going to play soccer tomorrow. He is going to play soccer tomorrow. They aren't going to play soccer tomorrow.
Futuro simple con **will**	I will play soccer tomorrow. He will play soccer tomorrow. They won't play soccer tomorrow.
Pretérito perfecto	I have played soccer before. He has played soccer before. They have never/haven't played soccer before.

PRÁCTICA 2

Llene los espacios con las formas correctas de los verbos entre paréntesis.

1. Jose (see) _____ a movie next weekend.

2. Carlos and María (go) _____ to a rock concert last year.

3. John (be) _____ to a professional baseball game before.

4. Luisa and María (watch) _____ TV at 7 p.m. last night.

5. We (run, not) _____ right now.

6. She usually (listen) _____ to classical music.

7. Julie and María (see) _____ a movie last weekend.

8. John (play) _____ tennis with you tomorrow.

9. Carlos (eat, never) _____ sushi before.

10. Julie (be) _____ in a band ten years ago.

CONVERSACIÓN 2

María and Julie are talking about their weekend plans. They are going to see a movie together.

María: What are you and John going to do this weekend?

Julie: We might see a movie. Do you and Carlos want to come?

María: Sure. What are you going to see?

Julie: Have you seen the new horror movie?

María: No, I haven't. I used to like horror movies, but I don't like them anymore. Have you seen the new romantic comedy with Cheryl Jones?

Julie: Yes, we have. We saw it last weekend. Do you like science fiction movies?

María: Carlos doesn't like science fiction movies. How about an adventure movie?

Julie: Sure. Have you seen *Race for Your Life?*

María: No, we haven't. Where's it playing?

Julie: I think it's playing at the theater downtown. Do you want to have dinner together before the movie?

María: That sounds great. I'll check the movie times and get back to you.

Julie: Sounds good.

María y Julie están hablando sobre sus planes para el fin de semana. Van a ir al cine juntas.

María:	¿Qué van a hacer tú y John este fin de semana?
Julie:	Puede que veamos una película. ¿Quieren Carlos y tú venir con nosotros?
María:	Sí. ¿Qué van a ver?
Julie:	¿Han visto la nueva película de horror?
María:	No la hemos visto. A mí me gustaban las películas de horror, pero ya no. ¿Han visto la nueva comedia romántica con Cheryl Jones?
Julie:	Sí, ya la vimos. La vimos el fin de semana pasado. ¿Les gustan las películas de ciencia ficción?
María:	A Carlos no le gustan las películas de ciencia ficción. ¿Qué tal una película de aventura?
Julie:	Bueno. ¿Has visto Race for Your Life?
María:	No la hemos visto. ¿Dónde la están presentando?
Julie:	Yo creo que la están presentando en el teatro del centro. ¿Quieres que cenemos antes de ir al cine?
María:	Me parece muy bien. Miraré los horarios de las películas y te avisaré.
Julie:	Me parece muy bien.

PRÁCTICA 3
Conteste las siguientes preguntas sobre la conversación 2.

1. What are they going to do this weekend?

2. Does María like horror movies?

3. Has Julie seen the new romantic comedy?

4. Have they seen *Race for Your Life?*

5. What are they going to do before the movie?

RESPUESTAS PARA LAS PRÁCTICAS

PRÁCTICA 1: 1. Yes, he has. **2.** Yes, they do. **3.** No, they don't. **4.** No, he hasn't. **5.** On the last Sunday of this month, around 12 p.m.

PRÁCTICA 2: 1. is going to see/will see; **2.** went; **3.** has been; **4.** were watching; **5.** aren't running; **6.** listens; **7.** saw; **8.** will play/is going to play; **9.** has never eaten; **10.** was

PRÁCTICA 3: 1. They are going to see a movie. **2.** No, she doesn't. **3.** Yes, she has. **4.** No, they haven't. **5.** They're going to have dinner together.

LO ESENCIAL DE LA UNIDAD 10

Éstas son algunas frases y oraciones esenciales de la Unidad 10 para repasar.

Can you play baseball?	*¿Puedes/Puede jugar al béisbol?*
Yes, I can.	*Sí, puedo.*
Can he play the guitar?	*¿Puede él tocar la guitarra?*
No, he can't.	*No, no puede.*
Do you play tennis?	*¿Juegas tú al tenis?/¿Juega usted al tenis?*
I used to play tennis.	*Yo jugaba al tenis.*
He used to run every day.	*Él corría todos los días.*
They play on a team.	*Ellos/Ellas juegan/están en un equipo.*
Do you want to see a movie?	*¿Quieres/Quiere ver una película?*
Have you seen the new adventure movie?	*¿Has/Ha visto la nueva película de aventura?*
No, I haven't (seen it).	*No, no la he visto.*
Yes, I have.	*Sí, la he visto.*
Has she ever gone camping?	*¿Ha ido ella a acampar alguna vez?*
No, she hasn't.	*No, no ha ido.*
Yes, she has.	*Sí, ha ido.*

SOLICITUD DE EMPLEO

Billy's Hardware Store
Employment Application

APPLICANT INFORMATION			
Last name	First	M.I.	Date
Street address		Apartment/Unit #	
City	State		ZIP
Phone		E-mail address	
Date available	Social Security no.		Desired salary
Are you a citizen of the United States? YES ☐ NO ☐			
If no, are you authorized to work in the U.S.? YES ☐ NO ☐			
Have you ever worked for this company? YES ☐ NO ☐			
If so, when?			
EDUCATION			
High school		Address	
From To		Did you graduate? YES ☐ NO ☐	
College		Address	
From To	Did you graduate? YES ☐ NO ☐		Degree
Other		Address	
From To	Did you graduate? YES ☐ NO ☐		Degree

REFERENCES

Please list a professional reference.

Full name	

Company	**Phone** ( )	

Address	

PREVIOUS EMPLOYMENT

Company	**Phone** ( )

Address	**Supervisor**

Job title	**Starting Salary $**	**Ending salary $**

Responsibilities

From **To**	**Reason for leaving**

May we contact your previous supervisor for a reference?　　YES ☐　　NO ☐

DISCLAIMER AND SIGNATURE

I certify that my answers are true and complete to the best of my knowledge. If this application leads to employment, I understand that false or misleading information in my application or interview may result in my release.

Signature	**Date**

La ferretería de Billy
Solicitud de empleo

INFORMACIÓN DEL SOLICITANTE			
Apellido	Nombre	Inicial 2do.	Fecha
Dirección		# de apartamento	
Ciudad	Estado		Código
Teléfono		Dir. Electrónica	
Fecha disponible	Número de Seguro Social		Salario deseado
¿Es usted ciudadano de Estados Unidos? SÍ ☐ NO ☐			
Si no es ciudadano, ¿está autorizado para trabajar en Estados Unidos? SÍ ☐ NO ☐			
¿Ha trabajado para esta compañía anteriormente? SÍ ☐ NO ☐			
Si la respuesta es sí, ¿cuándo?			
EDUCACIÓN			
Escuela secundaria		Dirección	
Desde Hasta		¿Se graduó? SÍ ☐ NO ☐	
Universidad		Dirección	
Desde Hasta	¿Se graduó? SÍ ☐ NO ☐		Título
Otro		Dirección	
Desde Hasta	¿Se graduó? SÍ ☐ NO ☐		Título

REFERENCIAS	
Por favor escriba una referencia profesional.	
Nombre completo	
Compañia	Teléfono ( )
Dirección	

EMPLEO ANTERIOR		
Compañia		Teléfono ( )
Dirección		Jefe
Título	Salario inicial $	Salario al terminar $
Responsabilidades		
Desde Hasta		Razón por la cual terminó
¿Podríamos llamar a su jefe anterior para una referencia? SÍ☐ NO☐		

DESCARGO DE RESPONSABILIDAD Y FIRMA	
Atestiguo que todas mis respuestas son verdaderas y completas según mi entender. Si consigo empleo gracias a esta solicitud, entiendo que cualquier información falsa o cualquier engaño, podría resultar en mi despido.	
Firma	Fecha

Johnson & Williams Medical Offices
REGISTRATION FORM
(Please Print)

Today's date:

PATIENT INFORMATION

Patient's last name:	First:	Middle:	☐ Mr. ☐ Mrs. ☐ Miss ☐ Ms.	Marital status (circle one) Single / Mar / Div / Sep / Wid

Birth date: / /	Age:		Sex: ☐ M ☐ F

Street address:		Home phone no.: ( )

City:	State:	ZIP Code:

Occupation:	Employer:	Employer phone no.: ( )

INSURANCE INFORMATION

(Please give your insurance card to the receptionist.)

Person responsible for bill:	Birth date: / /	Address (if different):	Home phone no.: ( )

Is this person a patient here?   ☐ Yes   ☐ No

Occupation:	Employer:	Employer address:	Employer phone no.: ( )

Is this patient covered by insurance?   ☐ Yes   ☐ No

Please indicate primary insurance					
Subscriber's name:	Subscriber's S.S. no.:	Birth date: / /	Group no.:	Policy no.:	Co-payment: $

Patient's relationship to subscriber: ☐ Self ☐ Spouse ☐ Child ☐ Other

IN CASE OF EMERGENCY

Name of local friend or relative (not living at same address):	Relationship to patient:	Home phone no.: ( )	Work phone no.: ( )

The above information is true to the best of my knowledge. I authorize my insurance benefits be paid directly to the physician. I understand that I am financially responsible for any balance. I also authorize Johnson and Williams Medical Offices or the insurance company to release any information required to process my claims.

Patient/Guardian signature	Date

Consultatorios de Johnson y Williams
FORMULARIO

(Por favor escriba con letra de imprenta)

La fecha de hoy

INFORMACION DEL PACIENTE

Apellido del paciente	Nombre	2do nombre	☐ Señor ☐ Señora ☐ Señorita ☐ Señorita	Estado civil (escoja uno) Soltero / Casado / Divor / Separ / Viudo
Fecha de nacimiento	Edad / /		Sexo ☐ M ☐ F	
Dirección		Número de teléfono de la casa ( )		
Ciudad	Estado		Código postal	
Ocupación	Empleador		Número de teléfono del empleador ( )	

INFORMACION DEL SEGURO MÉDICO

(Por favor dele al recepcionista su tarjeta de seguro médico)

Persona responsable de la cuenta:	Fecha de nacimiento: / /	Dirección (si es diferente):	Número de teléfono de la casa: ( )
¿Es esta persona un paciente de aquí? ☐ Sí ☐ No			
Ocupación	Empleador	Dirección del empleador	Número de teléfono del empleador ( )

¿Está cubierta esta persona con un seguro?		□ Sí	□ No		

Por favor indique el seguro principal

Nombre del asegurado	Número de Seguro Social del asegurado	Fecha de nacimiento / /	Número de grupo	Número de póliza	Co-pago $

Parenteso del paciente con el asegurado:	□ Él mismo	□ Esposo/a	□ Hijo/a	□ Otro

EN CASO DE EMERGENCIA

Nombre de un amigo o pariente en su localidad (que no viva en la misma dirección):	Parentesco con el paciente:	Número de teléfono de la casa: ( )	Número de teléfono del trabajo: ( )

La información que he proporcionado es verdadera según mi entender. Autorizo que mis beneficios del seguro sean pagados directamente al médico. Entiendo que soy responsable de cualquier saldo restante. También autorizo que Consultatorios Johnson y Williams o la compañia de seguro divulgue cualquier información requerida para procesar mi reclamo.

Firma del paciente/persona encargada de su cuidado	Fecha

Tom's Diner Menu—Breakfast & Lunch
Menú del restaurante de Tom—Desayuno y almuerzo

BREAKFAST ITEMS *Para el desayuno*

Two Eggs with Toast and Bacon, Sausage, or Ham   4.99
Dos huevos con pan tostado y tocino, chorizo, o jamón

3 Pancakes   3.50
3 panqueques

With Bacon, Sausage, or Ham   4.99
Con tocino, chorizo, o jamón

Chilled Fruit Salad   3.25
Ensalada fría de fruta

Cereal   3.25
Cereal

LUNCH ITEMS *Para el almuerzo*

Hamburger   4.99
Hamburguesa

Cheeseburger   5.50
Hamburguesa con queso

Hot Dog   3.50
Perro caliente

Slice of Pizza   3.50
Tajada de pizza

Fried Chicken   6.50
Pollo frito

Roast Beef Sandwich   5.50
Sándwich de roast beef *(carne)*

Salad   3.50
Ensalada

French Fries or Onion Rings   1.99
Papas a la francesa o anillos de cebolla fritos

BEVERAGES *Bebidas*

Coffee   1.50
Café

Tea   1.50
Té

Soda   1.50
Refrescos

Orange Juice   1.50
Jugo de naranja

Milk   1.50
Leche

INVITACIONES FORMALES Y ACEPTACIONES

INVITACIONES (*INVITATIONS*)

Mr. Alfred E. Larchmont and Ms. Susan Larchmont
request the honor of your presence
at the marriage of their daughter
Julia Louise
to
Mr. Paul Victor Jordan
on Saturday, the first of July
two thousand six
at four thirty in the afternoon
Our Lady of the Lake Church
95th Street and Grant Boulevard
Richmond, NC

El señor Alfredo E. Larchmont y la señora Susan Larchmont solicitan el honor de su presencia en el matrimonio de su hija Julia Luisa con el señor Pablo Víctor Jordan, el sábado 1° de julio de dos mil seis, a las 16.30 horas, en la iglesia de Nuestra Señora del Lago, Calle 95 y Boulevard Grant, Richmond, NC.

Mr. and Ms. Vanderfeller request the honor of your presence at a party given in honor of their daughter, Jo Ann, on Saturday evening, March 26, 2005, at nine o'clock, at the Yacht Club.

Los señores Vanderfeller solicitan el honor de su presencia en la recepción que darán en honor de su hija, Jo Ann, el sábado 26 de marzo, 2005, a las nueve de la noche, en el Club Yate.

Respuestas (*Replies*)

Mr. and Ms. Hudson thank Mr. and Ms. Vanderfeller for their kind invitation and regret that they are unable to come, owing to a previous engagement.

Los señores Hudson agradecen a los señores Vanderfeller su amable invitación y lamentan no poder asistir debido a que tienen un compromiso anterior.

Mr. and Ms. Brown thank you for your kind invitation and will be honored to attend the reception on March 26th.

Los señores Brown les agradecen infinitamente su amable invitación y tendrán el honor de asistir a la recepción del sábado 26 de marzo.

Formas de agradecimiento (*Thank you notes*)

March 3, 2008

Dear Helen,
This is just to say hello and also to let you know that I received the beautiful vase you sent me as a gift. I've put it on the piano, and you can't imagine how nice it looks.

I expect to see you at Carmen's party tomorrow. I think it's going to be a lot of fun.

I hope your family is doing well. Everyone here is fine.

Love,
Joyce

3 de marzo de 2008

Querida Helena,
La presente es con el fin de saludarte y darte las gracias por el precioso florero que me enviaste de regalo. Lo he colocado encima del piano, y no te imaginas lo bien que luce.

Espero verte mañana en la fiesta de Carmen, que va a ser muy animada.

Espero que tu familia se encuentre bien. Nosotros, sin novedad.

Con cariño,
Joyce

CARTAS DE NEGOCIOS (*BUSINESS LETTERS*)

Smith & Jones, Inc.
641 Fifth Avenue
New York, NY 10020

June 11, 2008

National Merchandise Co.
127 Ontario Street
Chicago, IL 60618

Dear Sir or Madam:
We have the pleasure of introducing to you the bearer of this letter, Mr. Adolf A. Hart, one of our salespeople, who is visiting the principal cities of your region. Needless to say, we shall greatly appreciate any courtesy you extend to him.

Thanking you in advance, we remain,

Very truly yours,
Simon L. Penny
President
Smith & Jones, Inc.

Smith & Jones, Inc.
641 Quinta Avenida
Nueva York, NY 10020

11 de junio de 2008

National Merchandise Co.
127 Calle Ontario
Chicago, IL 60618

Muy señores nuestros:
Nos es grato presentarles al portador de la presente, el Sr. Adolfo A.
Hart, nuestro viajante, quien está visitando las principales ciudades de
esa región. No necesitamos decirles que les agredeceremos cualquier
atención que le dispensen.

Anticipándoles las
gracias, quedamos de
ustedes, como siempre,

Simon L. Penny
Presidente
Smith & Jones, Inc.

David Kamps
23 East 25th Street
New York, NY 10010
e-mail:
davidkamps@bettermail.com
Tel: 212-345-6666
Fax: 212-345-6666
April 2, 2008

Número Uno Guest House
Esperanza, 3
Condado, Puerto Rico

Dear Sir or Madam:

Last week I tried to make an online reservation using your website, and I have not received any confirmation from you. I want to make sure that the reservation is in place, because my internet connection was very slow when I attempted to confirm. I am interested in a room with a double bed and bathroom for the nights of Friday, April 6, to Sunday, April 8.

Would you please confirm by fax or e-mail if this is possible?

Thanks in advance,
David Kamps

David Kamps
23 East 25th Street
New York, NY 10010
e-mail:
davidkamps@bettermail.com
Tel: 212-345-6666
Fax: 212-345-6666
2 de abril de 2008

Número Uno Guest House
Esperanza, 3
Condado, Puerto Rico

Estimado Señor/Estimada Señora:

La semana pasada intenté hacer una reserva a través de su sitio web,
pero todavía no he recibido confirmación al respecto. Quiero asegurarme
de que la reserva está en pie, ya que mi conexión de internet estaba
bastante lenta cuando la intenté hacer. Estoy interesado en reservar una
habitación con cama doble y baño para las noches del viernes 6 hasta el
domingo 8 de abril.

Si es posible, les ruego que me lo confirmen por fax o correo
electrónico.

Le agradezco por anticipado,
David Kamps

CARTAS INFORMALES (*INFORMAL LETTERS*)

Dear Mark,

I was very happy to get your last letter. First of all, let me give you the big news: I have finally decided to take a trip to New York, where I expect to spend all of May.

Clara is coming with me. She is extremely happy to be able to meet the two of you at last. During this time, we'll have an opportunity to talk about our college days and our old friends.

Business is good now, and I hope it will stay that way. I saw Peter the other day, and he asked me about you.

Write soon. Give our regards to Ann.

Yours,
Michael

Mi querido Marco,

Me ha sido sumamente grato recibir tu última carta. Ante todo, déjame darte la gran noticia: he decidido por fin hacer un viaje a Nueva York, donde pienso pasar todo el mes de mayo. Clara viene conmigo. A ella le encanta la idea de conocerlos por fin. Tendremos oportunidad de charlar acerca de los días universitarios y de nuestros viejos amigos.

Los negocios marchan bien por ahora y confío en que continuarán de esta manera. El otro día estuve con Pedro y me preguntó por ti.

Escríbeme pronto. Dale mis recuerdos a Ana.

Miguel

Correo electrónico (*E-mail*)

Date: July 7, 2008
To: enmon@muchocorreo.es
From: cpermar@muchocorreo.es
Subject: Vacation Plans

Dear Enrique,

We can finally write to you with our definite summer plans.
We are flying to Venice, via Barcelona, on July 24th. We will
spend three days there, and on the 27th, we're off to Croatia.
We will be back in Barcelona on August 7th, and then we will
stay for an additional week. Our flight is expected to arrive at
6 p.m. If everything goes as planned, by 8 p.m. we will have
checked into our hotel, which is called the Hotel Oriente
Husa, located next to the Lyceum on Las Ramblas,
telephone: 93-3022558. The reservation is under María Jesus's
name. Our cell phone number is 83-8831007. You might
arrive earlier or later than that, and you might be very tired
after your flight. Let us know the name of your hotel and
your phone number; if we can't have dinner together, at least
we'll have a drink later that night. In any case, we have the
next day to see each other. It was very difficult to make our
schedule coincide with yours; we planned everything on the
internet, and it all seems to have been finalized. After finding
out that we'd been in London at the same time without
realizing it, we didn't want to miss the opportunity to see you
again. Let us know if your travel dates are still the same.

Love,
César and María
Jesús

Fecha: 7 de julio de 2008
Para: enmon@muchocorreo.es
De: cpermar@muchocorreo.es
Asunto: Planes de vacaciones

Querido Enrique:

Ya por fin te podemos escribir con nuestros planes finales para el verano. Viajaremos a Venecia, vía Barcelona, el 24 de julio. Estaremos allí tres días y el 27 nos vamos a Croacia. Regresaremos a Barcelona el día 7 de agosto y nos quedaremos una semana. La hora prevista de llegada de nuestro vuelo es a las 6 de la tarde. Si todo sale bien, hacia las 8 de la noche estaremos instalados en nuestro hotel, que se llama Hotel Oriente Husa, al lado del Liceo, en Las Ramblas, teléfono: 93-3022558 y la reserva está a nombre de María Jesús. Nuestro teléfono móvil es el 83-8831007. Quizás tú llegarás más tarde o más temprano de tu viaje y estés muy cansado de tu viaje. Déjanos saber el teléfono y el nombre de tu hotel, y si no podemos cenar juntos, al menos podremos tomar algo después. En cualquier caso, tenemos el día siguiente para vernos. Hacer coincidir el viaje con el tuyo, que esta vez diseñamos entero por internet, fue bastante complicado, pero, al fin, parece resuelto. Y es que después de saber que estuviste en Londres sin nosotros saberlo cuando estábamos allí, no queríamos perder la oportunidad de vernos otra vez. Déjanos saber si tus fechas siguen como estaban.

Cariños,
César y María Jesús

FORMAS DE SALUDO Y DESPEDIDA (SALUTATIONS AND CLOSINGS)

SALUDOS—FORMAL (SALUTATIONS—FORMAL)

Sir,	*Señor,*
Madam,	*Señora,*
Sir,	*Señor,*
Dear Sir or Madam,	*Muy señores nuestros,*
Dear Mr. Frand,	*Distinguido señor Frand,*
Dear Mrs. Frand,	*Distinguida señora Frand,*
Dear Miss Frand,	*Distinguida señorita Frand,*
Dear Ms. Smith,[1]	*Distinguida Sra./Srta. Smith,*
Dear Dr. Harris,	*Distinguido doctor/doctora Harris,*
Dear Professor Fulton,	*Apreciado profesor/profesora Fulton,*
Dear Colonel Kent,	*Respetable coronel Kent,*

SALUDOS—INFORMAL (SALUTATIONS—INFORMAL)

Dear Mr. Scott,	*Muy estimado señor Scott:*
Dear Ms./Mrs. Scott,	*Muy estimada señora Scott:*
Dear Ms./Miss Scott,	*Mi querida señorita Scott:*
Dear Ilana,	*Querida Ilana:*
Dear George,	*Mi querido Jorge:*
Dearest Robert,	*Muy querido Roberto:*
My darling Talya,	*Mi querida Talya:*

DESPEDIDAS—FORMAL (CLOSINGS—FORMAL)

Very truly yours,	*Su atento y seguro servidor,*
Yours very truly,	*Su atto. y S.S.,*
Sincerely yours,	*Atentamente,*
Yours sincerely,	*Sinceramente,*

[1]**Ms.** (miz) se usa para saludar a una mujer profesional sin indicar su estado civil.

Despedidas—Informal (Closings—informal)

Cordially,	*Cordialmente,*
Very cordially,	*Muy cordialmente,*
Best regards,	*Nuestros mejores recuerdos,*
With our very best regards,	*Con nuestros mejores recuerdos,*
Affectionately,	*Afectuosamente,*
Yours,	*De quien te estima,*
Love,	*De todo corazón,/Con cariño,*
With love,	*Besos y abrazos,*

FORMATO DEL SOBRE (*ADDRESS FORMAT*)

Doctor Walter J. Pittman
22 Ridgeway Road
San Francisco, CA 91344

Ms. J. C. Philips
3814 Washburn Avenue
Fort Worth, TX 76107

Ms. Melanie Taylor
Pratt Hall
University of Alabama
Tuscaloosa, AL 34501

Mr. & Ms. Gold
192 Avenue J
Brooklyn, NY 11213
USA

Vocabulario Adicional

1. FAMILY AND RELATIONSHIPS (FAMILIA Y RELACIONES)

mother	*madre*
father	*padre*
son	*hijo*
daughter	*hija*
sister	*hermana*
baby	*bebé*
brother	*hermano*
husband	*esposo, marido*
wife (wives)	*esposa, mujer*
aunt	*tía*
uncle	*tío*
grandmother	*abuela*
grandfather	*abuelo*
cousin	*primo/prima*
mother-in-law	*suegra*
father-in-law	*suegro*
stepmother	*madrastra*
stepfather	*padrastro*
stepson	*hijastro*
stepdaughter	*hijastra*
boyfriend	*novio*
girlfriend	*novia*
fiancé(e)	*prometido/prometida*
friend	*amigo/amiga*
relative	*pariente*
to love	*querer*
to know (a person)	*conocer*
to meet (a person)	*encontrarse con*

to marry (someone)	casarse con
to divorce (someone)	divorciarse de
to get a divorce	divorciarse
to inherit	heredar

2. PEOPLE (GENTE)

person	persona
man	hombre
woman	mujer
adult	adulto/adulta
child	niño/niña
boy	niño/chico
girl	niña/chica
teenager	adolescente
tall/short	alto/bajo
old/young	viejo/joven
fat/thin	gordo/delgado
friendly/unfriendly	simpático/antipático
happy/sad	alegre/triste
beautiful/ugly	bonito/feo
sick/healthy	enfermo/saludable
strong/weak	fuerte/débil
famous	famoso
intelligent	inteligente
talented	dotado, talentoso

3. AT HOME (EN CASA)

house	casa
apartment	apartamento
room	habitación
living room	sala
dining room	comedor
kitchen	cocina

bedroom	*dormitorio*
bathroom	*baño*
hall	*vestíbulo*
closet	*armario*
window	*ventana*
door	*puerta*
table	*mesa*
chair	*silla*
sofa, couch	*sofá*
curtain	*cortina*
carpet	*alfombra*
television	*televisor*
CD player	*lector de cd*
lamp	*lámpara*
DVD player	*lector de dvd*
sound system	*sistema de sonido*
painting, picture	*pintura, cuadro*
shelf	*estante*
stairs	*escaleras*
ceiling	*techo*
wall	*pared*
floor	*suelo*
big/small	*grande/pequeño*
new/old	*nuevo/viejo*
wood, wooden	*madera, de madera*
plastic, made of plastic	*plástico, hecho de plástico*

4. IN THE KITCHEN (*EN LA COCINA*)

refrigerator	*nevera, refrigerador*
kitchen sink	*fregadero*
counter	*mostrador*
stove	*cocina*

oven	*horno*
microwave	*microondas*
cupboard	*aparador*
drawer	*cajón, gaveta*
plate	*plato*
cup	*taza*
bowl	*cuenco, tazón*
glass	*vaso*
spoon	*cuchara*
knife	*cuchillo*
can	*lata*
box	*caja*
bottle	*botella*
carton	*cartón, caja de cartón*
coffeemaker	*cafetera*
tea kettle	*tetera*
blender	*batidora*
iron	*plancha*
ironing board	*tabla de planchar*
broom	*escoba*
dishwasher	*lavaplatos*
washing machine	*lavadora*
dryer	*secadora*
to cook	*cocinar*
to do the dishes	*lavar los platos*
to do the laundry	*lavar la ropa*
dishwashing detergent	*detergente de vajilla*
laundry detergent	*detergente de ropa*
bleach	*lejía*
clean	*limpio*
dirty	*sucio*

5. IN THE BATHROOM (EN EL BAÑO)

toilet	*inodoro*
sink	*lavabo*
bathtub	*bañera*
shower	*ducha*
mirror	*espejo*
medicine cabinet	*botiquín*
towel	*toalla*
toilet paper	*papel higiénico*
shampoo	*champú*
soap	*jabón*
bath gel	*gel de baño*
shaving cream	*crema de afeitar*
razor	*navaja de afeitar*
to wash oneself	*lavarse*
to take a shower	*ducharse*
to take a bath	*bañarse*
to shave	*afeitarse*
cologne	*colonia*
perfume	*perfume*
deodorant	*desodorante*
bandage	*vendaje*
powder	*polvo*

6. IN THE OFFICE (EN LA OFICINA)

office	*oficina, despacho*
desk	*escritorio*
computer	*computadora, ordenador*
telephone	*teléfono*
fax machine	*fax*
bookshelf	*estante*
file cabinet	*armario*
file	*carpeta, archivo*

boss	*jefe/jefa*
colleague	*colega*
employee	*empleado/empleada*
staff	*personal/plantilla*
company	*compañía*
business	*negocio*
factory	*fábrica*
meeting room	*sala de conferencias*
meeting	*reunión*
appointment	*cita*
salary	*salario*
job	*trabajo*
busy	*ocupado*
to work	*trabajar*
to earn	*ganar*

7. AT SCHOOL (*EN LA ESCUELA*)

school	*escuela*
university	*universidad*
classroom	*aula*
course	*curso*
teacher	*maestro/maestra*
professor	*profesor/profesora*
student	*estudiante*
subject	*asignatura*
notebook	*cuaderno*
textbook	*libro de texto*
math	*matemáticas*
history	*historia*
chemistry	*química*
biology	*biología*

literature	*literatura*
language	*lengua, idioma*
art	*arte*
music	*música*
gym	*gimnasio*
recess	*receso*
test	*examen, prueba*
grade	*nota*
report card	*calificaciones*
diploma	*diploma*
degree	*título*
difficult	*difícil*
easy	*fácil*
to study	*estudiar*
to learn	*aprender*
to pass	*aprobar*
to fail	*suspender*

8. NATURE (NATURALEZA)

tree	*árbol*
flower	*flor*
forest	*bosque*
mountain	*montaña*
field	*campo*
river	*río*
lake	*lago*
ocean	*océano*
sea	*mar*
beach	*playa*
desert	*desierto*
rock	*roca*

sand	arena
sky	cielo
sun	sol
moon	luna
star	estrella
water	agua
land	tierra
plant	planta
hill	cerro
pond	estanque

9. WEATHER (TIEMPO)

It's raining.	Está lloviendo.
It's snowing.	Está nevando.
It's hailing.	Está granizando.
It's windy.	Hace viento.
It's hot.	Hace calor.
It's cold.	Hace frío.
It's sunny.	Hace sol.
It's cloudy.	Está nublado.
It's beautiful.	Hace muy buen tiempo.
storm	tormenta
wind	viento
thunder	trueno
lightning	relámpago
hurricane	huracán
temperature	temperatura
degree	grado
rain	lluvia
snow	nieve
cloud	nube
fog	niebla

| smog | *niebla tóxica, smog* |
| umbrella | *paraguas* |

10. JOBS *(EMPLEOS)*

policeman/policewoman (policemen/policewomen)	*policía/mujer policía (policías/mujeres policías)*
lawyer	*abogado/abogada*
doctor	*doctor/doctora*
engineer	*ingeniero/ingeniera*
businessman/ businesswoman	*hombre de negocios/mujer de negocios*
salesman/saleswoman	*vendedor/vendedora*
teacher	*maestro/maestra*
professor	*profesor/profesora*
banker	*banquero/banquera*
architect	*arquitecto/arquitecta*
veterinarian	*veterinario/veterinaria*
dentist	*dentista*
carpenter	*carpintero/carpintera*
construction worker	*obrero/obrera*
taxi driver	*taxista/taxista*
artist	*artista*
writer	*escritor/escritora*
plumber	*fontanero/fontanera*
electrician	*electricista/electricista*
journalist	*periodista*
actor/actress	*actor/actriz*
musician	*músico*
farmer	*granjero/granjera*
secretary	*secretario*
assistant	*asistente*
unemployed	*desempleado, en paro*

retired	*jubilado/jubilada*
full-time	*a tiempo completo*
part-time	*a tiempo parcial*
steady job	*trabajo fijo*
summer job	*trabajo de verano*

11. COMPUTERS AND THE INTERNET (*LAS COMPUTADORAS Y EL INTERNET*)

computer	*computadora, ordenador*
keyboard	*teclado*
monitor, screen	*monitor, pantalla*
printer	*impresora*
mouse	*ratón*
modem	*módem*
memory	*memoria*
CD-ROM	*cd-rom*
CD-ROM drive	*lector de cd-rom*
file	*archivo*
document	*documento*
cable	*cable*
DSL	*línea del suscriptor digital*
Internet	*Internet*
website	*sitio web*
webpage	*página web*
e-mail	*correo electrónico*
chat room	*espacio para charla, el chat*
blog	*registro del web*
instant message	*mensaje instantáneo*
attachment	*documento adjunto*
to send an e-mail	*enviar un correo electrónico*
to send a file	*enviar un documento adjunto*

to forward	pasar, retransmitir
to reply	contestar
to delete	eliminar
to save a document	guardar un documento
to open a file	abrir un documento
to close a file	cerrar un documento
to attach a file	adjuntar un documento

12. SPORTS AND RECREATION (DEPORTES Y RECREO)

soccer	fútbol
basketball	baloncesto
baseball	béisbol
football	fútbol americano
hockey	hockey
tennis	tenis
game	juego, partido
team	equipo
stadium	estadio
coach	entrenador/entrenadora
player	jugador/jugadora
champion	campeón/campeona
ball	pelota, balón
to go hiking	hacer excursionismo
to go camping	ir de camping, campismo
to play a sport	jugar un deporte
to play a game	jugar un partido
to win	ganar
to lose	perder
to tie	empatar
cards	naipes, cartas
pool, billiards	billar

13. ENTERTAINMENT (ENTRETENIMIENTO)

movie, film	película
to go to the movies	ir al cine
to see a movie	ver una película
theater	teatro
to see a play	ver una obra de teatro
opera	ópera
concert	concierto
club	club
circus	circo
ticket	entrada, boleto
museum	museo
gallery	galería
painting	pintura
sculpture	escultura
television program	programa de televisión
to watch television	mirar la televisión
comedy	comedia
documentary	documental
drama	obra dramática
book	libro
magazine	revista
to read a book	leer un libro
to read a magazine	leer una revista
to listen to music	escuchar música
song	canción
band	banda, conjunto
the news	noticias
talk show	programa de entrevistas
to flip channels	cambiar de canales
to have fun	divertirse
to be bored	estar aburrido

funny	*gracioso*
interesting	*interesante*
exciting	*emocionante*
scary	*da miedo*
party	*fiesta*
restaurant	*restaurante*
to go to a party	*ir a una fiesta*
to have a party	*tener una fiesta*
to dance	*bailar*

14. FOOD (COMIDA)

dinner	*cena*
lunch	*almuerzo*
breakfast	*desayuno*
meat	*carne*
chicken	*pollo*
beef	*carne*
pork	*carne de cerdo*
fish	*pescado*
shrimp	*camarón, gamba*
lobster	*langosta*
bread	*pan*
egg	*huevo*
cheese	*queso*
rice	*arroz*
vegetable	*verdura, vegetal*
lettuce	*lechuga*
tomato	*tomate*
carrot	*zanahoria*
cucumber	*pepino*
pepper	*pimiento*
fruit	*fruta*

apple	*manzana*
orange	*naranja*
banana	*plátano, banana*
pear	*pera*
grapes	*uvas*
drink	*bebida*
water	*agua*
milk	*leche*
juice	*jugo, zumo*
coffee	*café*
tea	*té*
wine	*vino*
beer	*cerveza*
soft drink, soda	*refresco*
salt	*sal*
pepper	*pimienta*
sugar	*azúcar*
honey	*miel*
hot/cold	*caliente/frío*
sweet/sour	*dulce/amargo*

15. CLOTHING (ROPA)

shirt	*camisa*
pants	*pantalones*
jeans	*vaqueros, tejanos*
T-shirt	*camiseta*
shoes	*zapatos*
socks	*calcetines*
belt	*cinturón*
sneakers, tennis shoes	*zapatillas deportivas*
dress	*vestido*
skirt	*falda*

blouse	*blusa*
suit	*traje*
hat	*sombrero*
gloves	*guantes*
scarf	*bufanda*
jacket	*chaqueta*
coat	*abrigo*
earring	*pendiente, arete*
bracelet	*pulsera, brazalete*
necklace	*collar*
eyeglasses	*gafas*
sunglasses	*gafas de sol*
watch	*reloj*
ring	*anillo*
underpants	*calzoncillos*
undershirt	*camisilla*
swimming trunks	*bañador*
bathing suit	*traje de baño*
pajamas	*pajama*
cotton	*algodón*
leather	*cuero*
silk	*seda*
size	*talla*
to wear	*llevar*

16. THE HUMAN BODY (*EL CUERPO HUMANO*)

head	*cabeza*
face	*cara*
forehead	*frente*
eye	*ojo*
eyebrow	*ceja*
eyelashes	*pestañas*

ear	*oreja*
nose	*nariz*
mouth	*boca*
tooth (teeth)	*diente (dientes)*
tongue	*lengua*
cheek	*mejilla*
chin	*barbilla*
hair	*pelo*
neck	*cuello*
chest	*pecho*
breast	*pecho, seno*
shoulders	*hombros*
arm	*brazo*
elbow	*codo*
wrist	*muñeca*
hand	*mano*
stomach, abdomen	*estómago, abdomen*
penis	*pene*
vagina	*vagina*
leg	*pierna*
knee	*rodilla*
ankle	*tobillo*
foot (feet)	*pie (pies)*
finger	*dedo*
toe	*dedo del pie*
skin	*piel*
blood	*sangre*
brain	*cerebro*
heart	*corazón*
lungs	*pulmones*
bone	*hueso*

muscle	*músculos*
tendon	*tendón*

17. TRAVEL AND TOURISM (VIAJE Y TURISMO)

tourist	*turista*
hotel	*hotel*
youth hostel	*hostal*
reception desk	*recepción*
to check in	*registrarse*
to check out	*pagar la cuenta*
reservation	*reserva*
passport	*pasaporte*
tour bus	*recorrido por autobús*
guided tour	*visita guiada*
camera	*cámara*
information center	*centro de información*
map	*mapa, plano*
brochure	*folleto*
monument	*monumento*
to go sightseeing	*visitar los lugares de interés*
to take a picture	*tomar una foto, tirar una foto*
Can you take our picture?	*¿Puedes/Puede tomarnos una foto?*

18. AROUND TOWN (POR LA CIUDAD)

city	*ciudad*
town	*pueblo, ciudad*
village	*aldea*
car	*auto, coche, carro*
bus	*autobús*
train	*tren*
taxi	*taxi*
subway, metro	*subterráneo, el metro*

traffic	*tráfico*
building	*edificio*
apartment building	*edificio de apartamentos*
library	*biblioteca*
restaurant	*restaurante*
store	*tienda*
street	*calle*
park	*parque*
train station	*estación de ferrocarril*
airport	*aeropuerto*
airplane	*avión*
intersection	*intersección*
lamppost	*farola*
streetlight	*luz de la calle*
bank	*banco*
church	*iglesia*
temple	*templo*
mosque	*mezquita*
sidewalk	*acera*
bakery	*panadería*
butcher shop	*carnicería*
café, coffee shop	*cafetería*
drugstore, pharmacy	*farmacia*
supermarket	*supermercado*
market	*mercado*
shoe store	*zapatería*
clothing store	*tienda de ropa*
electronics store	*tienda de electrodomésticos*
bookstore	*librería*
department store	*tienda por departamentos*
mayor	*alcalde*

city hall, municipal building	*ayuntamiento, alcaldía*
to buy	*comprar*
to go shopping	*ir de compras*
near/far	*cerca/lejos*
urban	*urbano*
suburban	*suburbano, del barrio*
rural	*rural*

Recursos para la Internet

A continuación le damos una lista de sitios web que seguramente les serán útiles a todos los estudiantes que quieran adquirir más práctica en inglés con ayuda de la computadora.

www.eslcafe.com	*ESL Café—Este sitio web ofrece recursos y actividades para estudiantes que están estudiando inglés como segundo idioma. Contiene muchas frases, expresiones y pruebas cortas.*
www.learnenglish.org.uk	*Learn English—Este sitio web está auspiciado por el gobierno británico con el fin de propagar el uso del idioma y la cultura inglesa. Tiene muchas actividades, canciones, poemas, y lecciones que le ayudarán a suplementar sus estudios del inglés.*

www.mansioningles.com	*La Mansión del Inglés—Es el mayor portal dedicado a estudiantes de habla hispana que quieren aprender inglés. Contiene ejercicios de gramática y otras actividades.*
www.bbc.co.uk/worldservice/ *learningenglish*	*BBC Learning English—Este portal está afiliado a la cadena británica de televisión y radiodifusión. Suelen combinar el contenido de noticias con lecciones para estudiantes que están aprendiendo inglés.*
www.uscitizenship.org	*Ayuda para Ciudadanía—Este sitio web le ayudará a toda persona que esté interesada en convertirse en ciudadano estadounidense.*
www.eslpartyland.com	*ESL Partyland—Este sitio web presenta actividades de una manera divertida y colorida.*
www.everythingesl.net	*Everything ESL—El nombre lo dice todo. Este sitio web ofrece pruebas, lecciones, foros de comunicación, y otros recursos de ayuda para los estudiantes de inglés como segundo idioma.*

Sumario de
Gramática Inglesa

1. EL ALFABETO

letra	nombre	letra	nombre	letra	nombre
a	ei	*j*	dyei	*s*	es
b	bi	*k*	kei	*t*	ti
c	ci	*l*	el	*u*	iu
d	di	*m*	em	*v*	vi
e	i	*n*	en	*w*	dobl iu
f	ef	*o*	o	*x*	eks
g	dyi	*p*	pi	*y*	uai
h	eich	*q*	kiu	*z*	dsi
i	ai	*r*	ar		

2. PRONUNCIACIÓN
VOCALES SIMPLES
a:

1. Tiene un sonido muy parecido al de la *a* española.

2. Un sonido breve entre *a* y *e*.

3. Un sonido muy parecido al diptongo *ei*, como en la palabra española *deleite*.

4. Sonido de *e* española, aunque no abunda.

5. Sonido de *o* española, como en la palabra col.

e:

1. Un sonido equivalente al de la *i* española en la palabra *cinco*.

2. Sonido muy parecido al de la *e* española.

3. Un sonido que no tiene equivalente en español, pero que está más o menos entre *e* y *o*.

4. La *e* final no se pronuncia en la mayoría de las palabras.

i:

1. Sonido muy breve de *i* que es casi una *e*.

2. Como la *i* española en algunas palabras.

3. Como el del diptongo *ai* en la palabra española *aire*.

4. Sonido, sin equivalente en español, entre *e* y *o*.

o:

1. Sonido como el diptongo *ou*.

2. Como la *u* española.

3. De una *o* muy breve parecida a la *a*.

4. Suena como *oa* cuando va seguida de *r* y *e* muda.

u:

1. Sonido como el diptongo *iu*.

2. Sonido parecido al de la *u* española.

3. Una *u* corta, casi como una *a* breve, que no tiene equivalente en español.

4. Un sonido entre *e* y *u*.

y:

La *y* se emplea también como vocal en algunas palabras y entonces tiene sonido de *i* española o de *ai*.

Combinaciones de vocales

ai, ay:

Se parecen al diptongo español *ei*, como en la palabra *reina*, por ejemplo.

au, aw:

Se pronuncian como una *o* muy abierta.

ea:

1. Como la *i* española.
2. Como el diptongo *ei* de la palabra *reina*.
3. Como la *e* española.

ee:

Se pronuncia como la *i* española.

ei, ey:

1. Como la *i* española.
2. Como el diptongo español *ei*.
3. Como el diptongo español *ai*.

oa:

Es equivalente al diptongo *ou* del español.

oe:

1. Se pronuncia muchas veces como el diptongo español *ou*.
2. Como la *u* española.

oo:

1. Un sonido que equivale *a* la *u* española.
2. Un sonido un poco más corto que la *u* española.
3. Un sonido como la *o* española, pero más cerrado, casi como una *a*.

ou:

1. El mismo sonido de *u*.
2. Parecido al diptongo español *au*.
3. Como el diptongo español *ou*.
4. Como una *o* española, pero más cerrada, casi como *a*.
5. Como la combinación *au* en inglés.

ui:

1. Se pronuncia algunas veces como *i* corta.
2. Se pronuncia otras veces como *u*.

uy:

Se pronuncia como el diptongo español *ai*.

Consonantes

b:

Tiene un sonido más fuerte que en español, y se pronuncia apretando los labios.

c:

1. Antes de la *a, o, u,* suena como en castellano.
2. Antes de la *e, i, y,* se pronuncia como la *s* española.

d:

Tiene el mismo sonido de la *d* española, pero se pronuncia más fuerte. Se pronuncia igual al final de palabra.

f:

Igual que el sonido de la *f* española.

g:

1. Sonido como la *g* española en las sílabas *ga, go, gu*; lo tiene con todas las vocales.
2. Una *g* que equivale aproximadamente a la combinación de una *d* y una *ch*.

h:

Tiene el mismo sonido de la *j* española, aunque no tan fuerte, en la mayoría de las palabras.

j:

La *j* inglesa tiene exactamente la misma pronunciación de la *g* en la palabra inglesa *gin*.

k:

1. Tiene el mismo sonido o pronunciación de la *c* fuerte.
2. Es muda cuando le sigue una *n.*

l:

Exacta a la *l* española.

m:

Se pronuncia como en español.

n:

Se pronuncia como en español.

p:

Se pronuncia como en español.

q:

Tiene el mismo sonido que en español y va siempre seguida de la *u,* que debe pronunciarse.

r:

Se parece a la *r* española, pero más suave.

s:

1. Hay una *s* inglesa igual a la española.
2. Hay otra *s* que no tiene equivalente en español. El sonido se asemeja a un zumbido.

t:

1. Se pronuncia como la *t* española, pero un poco más fuerte.
2. Parecido al sonido de la *s* en la palabra inglesa *sugar.*
3. Como la *ch* española.

v:

Similar a la *v* española, pero con una pronunciación labiodental marcada.

w:

Más o menos como la *hue* española de la palabra *hueso.*

x:

1. Como la x española de la palabra *próximo.*
2. Sonido fuerte de *cs* antes de una consonante o vocal acentuada.

y:

Igual a la española, casi como una *i.*

z:

No tiene equivalente en español, pero se pronuncia como con un zumbido.

COMBINACIONES DE CONSONANTES Y DE VOCALES Y CONSONANTES

ch:

Aunque esta combinación no se considera una letra del alfabeto, tiene la misma pronunciación que tiene en español en la mayoría de las palabras.

gh:

1. A menudo no se pronuncia.
2. Se pronuncia como una *f.*
3. Se pronuncia en raras ocasiones como una *g* sola.

gu:

La *u* es muda la mayoría de las veces.

ng:

1. Generalmente es igual a la *n* de la palabra española *banco.*
2. En algunas palabras la *g* tiene sonido.

ph:

Equivale a la *f.*

sc:

La *c* se pronuncia como la *c* antes de vocales.

sch:

Generalmente equivale a la combinación de una *s* y una *k.*

sh:

No tiene equivalente en español. Se pronuncia como la última parte de la *ch* española.

th:

Este importante sonido equivale a la *z* castellana o a la *d*.

wh:

Equivale más o menos a la combinación *ju* española, pero más suave.

3. ACENTO

1. Todas las palabras tienen una sílaba que se acentúa fuertemente: *condi'tion*.

2. Algunas tienen dos acentos fuertes: *air'tight'.*

3. Las palabras largas generalmente tienen un segundo acento más suave que el primero: *sec'ondar'y*.
No hay reglas fijas de acentuación. Se puede consultar un diccionario para la acentuación de palabras individuales.

4. No hay acento escrito como la tilde en "mamá."

4. PUNTUACIÓN

La puntuación inglesa es muy parecida a la española. Algunas de sus diferencias son:

1. Los signos de admiración y de interrogación no preceden la oración.

Where are you going?	¿Adónde va Ud.?
What a beautiful day!	¡Qué hermoso día!

2. Las comillas se usan generalmente en lugar de la raya.

"Thanks a lot," he said.	Muchas gracias–dijo él.
"How are you?"	–¿Cómo está usted?
"Very well, thank you."	–Muy bien, gracias.

3. Las mayúsculas se usan más frecuentemente que en español. Se usan con los adjetivos que denotan nacionalidad, los días de la semana y los meses.

He's not French, but English.	El no es francés, sino inglés.
I'll come Tuesday or Wednesday.	Vendré el martes o el miércoles.
Today is the third of March.	Hoy es tres de marzo.

5. SIGNOS ORTOGRÁFICOS

El acento u otro signo similar no existe en el idioma inglés, excepto en palabras de origen extranjero, como *fiancé*.

6. EL ARTÍCULO DEFINIDO

1. Hay solamente un artículo definido en inglés que traduce las palabras españolas "el", "la", "lo"; "los", y "las".

the boy	el muchacho
the girl	la muchacha
the boys	los muchachos
the girls	las muchachas
the same	lo mismo

2. El artículo *the* tiene dos pronunciaciones distintas.

a. Delante de una consonante, se pronuncia como *dhe:*

the man	el hombre

b. Delante de una vocal o una *h* muda, se pronuncia como *dhi:*

the animal	el animal
the hour	la hora

3. A diferencia del español, el artículo definido a menudo se omite y se usa solamente cuando la palabra siguiente es determinada.

a. Con nombres abstractos:

Truth is beauty; beauty is truth.　　La verdad es la belleza; la belleza es la verdad.

b. Con nombres que se refieren a una clase, o a una especie:

Teachers must be patient.　　Los maestros deben tener paciencia.

Dogs are faithful.　　Los perros son fieles.

c. Con nombres que se refieren a artes o a ciencias:

I like music and history.　　Me gustan la música y la historia.

d. Con nombres que se refieren a colores o sustancias:

I like blue.　　Me gusta el azul.

Steel is harder than iron.　　El acero es más duro que el hierro.

e. Con nombres de idiomas:

He speaks German very well.　　Habla muy bien el alemán.

f. Con los días de la semana y las estaciones:

next Monday　　el lunes próximo

It's cold in winter.　　En el invierno hace frío.

g. Con ciertos nombres geográficos:

Peru has an interesting past.　　El Perú tiene un pasado interesante.

Mount Everest is the highest mountain in the world.　　El monte Everest es la montaña más alta del mundo.

Lake Ontario is between Canada and the United States.　　El lago Ontario está entre el Canadá y Estados Unidos.

h. Con nombres de calles, avenidas, plazas, etc.:

He lives on Bolivar Street.　　Vive en la calle Bolívar.

I'm going to Washington Square.　　Voy a la plaza Washington.

i. Con ciertas expresiones corrientes:

last year	el año pasado
all day long	todo el día
at school	en la escuela

Notas

(a) Con partes del cuerpo y artículos de vestir se usa el adjetivo posesivo en lugar del artículo definido:

My head hurts.	Me duele la cabeza.
Take your coat off.	Quítese el abrigo.

(b) El artículo definido nunca se usa al expresar la hora:

It's three o'clock.	Son las tres.

7. EL ARTÍCULO INDEFINIDO

1. Hay solamente un artículo indefinido en inglés, el cual corresponde en español a "un", "una", "unos", y "unas".

2. Este artículo tiene dos formas:
a. *a*, que se usa delante de una consonante y del sonido *u*.

a child	un niño
a university	una universidad
a European conflict	un conflicto europeo

b. *an*, que se usa delante de una vocal o de una *h* muda.

an idea	una idea
an honest man	un hombre honrado

Notas

Como regla general, *a* se usa cuando aparece la forma *the (dhe)* y *an* se usa en lugar de *the (dhi)*.

3. El artículo indefinido se usa algunas veces cuando se omite en español.
a. Antes de un título, profesión, oficio, nacionalidad, etc.:

He is a captain.	Es capitán.

| *He is a butcher.* | Es carnicero. |
| *I'm an American.* | Soy estadounidense. |

b. Antes de las palabras *hundred* (cien, ciento) y *thousand* (mil):

| *a hundred men* | cien hombres |
| *a thousand men* | mil hombres |

c. Después de las palabras *without* (sin), *what* (qué) en una oración exclamativa, y *such* (tal):

He left without a hat.	Salió sin sombrero.
What a beautiful day!	¡Qué día tan hermoso!
I never heard such a thing!	¡Nunca he oído tal cosa!

8. CONTRACCIONES

En inglés se usan contracciones con los auxiliares de los verbos y con los verbos defectivos.

1. Con la partícula negativa *not*:

he isn't	él no es
they aren't	ellos no son
she wasn't	ella no era
we weren't	nosotros no fuimos
I haven't	yo no he
he hasn't	él no ha
we hadn't	nosotros no habíamos
I don't know	yo no sé
he doesn't know	él no sabe
we didn't know	nosotros no sabíamos

I won't (will not) go	yo no iré
he won't (will not) go	él no irá
I shouldn't (should not) go	yo no debería ir
he wouldn't (would not) go	él no iría
she can't	ella no puede
you mustn't	usted no debe

2. Con el pronombre personal:

I'm	yo soy
he's	él es
she's	ella es
it's	(ello) es
we're	nosotros somos
you're	tú eres, usted es, vosotros sois, ustedes son
they're	ellos son, ellas son
I've[1]	yo he
he's	él ha
they've, etc.	ellos han, etc.

[1]En el inglés estadounidense, el verbo *to have* se contrae con el pronombre sujeto solamente en los tiempos perfectos, cuando va seguido del participio pasado.

I'd, he'd, etc.	yo hube, él hubo, etc.
I'll (I will), etc.	futuro
I'd (I would), etc.	condicional

3. *Is* puede combinarse con otras palabras:

Where's . . . ? (Where is . . . ?)	¿Dónde está . . . ?
What's . . . ? (What is . . . ?)	¿Qué es . . . ?

9. LOS DÍAS DE LA SEMANA

Los días de la semana se escriben con mayúscula. Generalmente, se omite el artículo, excepto cuando se refiere a un día específico.

Sunday	el domingo
Monday	el lunes
Tuesday	el martes
Wednesday	el miércoles
Thursday	el jueves
Friday	el viernes
Saturday	el sábado

the Monday I started to work	el lunes cuando empecé a trabajar
Tomorrow is Saturday.	Mañana es sábado.
Sunday is the first day of the week.	El domingo es el primer día de la semana.
He always works on Saturdays.	Él siempre trabaja los sábados.

10. LOS NOMBRES DE LOS MESES

Los nombres de los meses siempre se escriben con mayúscula.

January	enero
February	febrero
March	marzo
April	abril
May	mayo
June	junio
July	julio
August	agosto
September	septiembre
October	octubre
November	noviembre
December	diciembre

11. LOS NOMBRES DE LAS ESTACIONES

Los nombres de las estaciones se escriben con minúscula.

winter	el invierno
spring	la primavera
summer	el verano
autumn, fall	el otoño

12. MASCULINO Y FEMENINO

1. En inglés, un nombre puede ser masculino, femenino, o neutro, pero el género no está indicado en la terminación.

a. Los nombres que se refieren al género masculino son masculinos:

the son	el hijo	*the bull*	el toro

b. Los nombres que se refieren al género femenino son femeninos:

the daughter	la hija	*the cow*	la vaca

c. Los nombres que se refieren a cosas son neutros:

the house	la casa	*the automobile*	el automóvil

2. El femenino puede formarse en tres modos diferentes.

a. Con el sufijo *-ess:*

prince	príncipe	*princess*	princesa
actor	actor	*actress*	actriz

b. Añadiendo a una palabra otra en el femenino o en el masculino para indicar el género:

congressman	miembro del Congreso
congresswoman	miembro del Congreso (femenino)

c. Usando un nombre diferente:

boy	muchacho	*girl*	muchacha
husband	esposo	*wife*	esposa

En contextos profesionales es preferible usar palabras que no sean sexistas y que puedan indicar a un hombre o a una mujer.

businessperson	hombre o mujer de negocios
chairperson	presidente o presidenta (de una reunión, una firma, etc.)

13. EL PLURAL

1. El plural se forma generalmente añadiendo *s*.

a river	un río	*two rivers*	dos ríos

2. Las palabras que terminan en *y* precedida de una consonante forman el plural con *-ies*.

lady	dama	*ladies*	damas

3. A los nombres que terminan en *o, s, x, z, ch,* o *sh* se les añade *-es*.

potato	papa	*potatoes*	papas
box	caja	*boxes*	cajas
bush	arbusto	*bushes*	arbustos
church	iglesia	*churches*	iglesias

4. Algunas palabras que terminan en *f* o *fe* forman el plural con *-ves*.

wife	esposa	*wives*	esposas
thief	ladrón	*thieves*	ladrones

5. Algunas son irregulares.

child	niño	*children*	niños
man	hombre	*men*	hombres
foot	pie	*feet*	pies
mouse	ratón	*mice*	ratones

6. Las palabras de origen griego o latino algunas veces mantienen el plural.

stimulus	estímulo	*stimuli*	estímulos

7. NOMBRES COMPUESTOS

Cuando se escriben como una sola palabra, forman el plural añadiendo la terminación del plural al final de la palabra.

teaspoonfuls	cucharaditas llenas

Los nombres compuestos escritos con un guión forman su plural
añadiendo la terminación del plural al final de la palabra esencial.

grown-ups	adultos
stepchildren	hijastros
sons-in-law	yernos

8. Nombres colectivos

Cierto número de nombres se usan para designar un grupo de
personas o cosas, los cuales son invariables.

a. Algunos son siempre singulares:

advice	consejos
knowledge	conocimiento
furniture	muebles
luggage	equipaje
information	información
progress	progreso
rubbish	escombros
chess	ajedrez
spinach	espinacas
asparagus	espárragos
My furniture is in storage.	Mis muebles están almacenados.

b. Algunos tienen una forma singular, pero van con el verbo en
plural:

people	gente
sheep	oveja
pantyhose	pantis, pantismedias
poultry	aves de corral
cattle	ganado
fish (o *fishes*)	pescado

(También la mayoría de los nombres de pescados: *trout,* "trucha"; *salmon,* "salmón".)

The sheep are in the meadow.	Las ovejas están en el prado.

c. Algunos son siempre plural; unos van con un verbo plural y unos con un verbo singular:

goods	mercancía
odds	diferencia
measles	sarampión
billiards	billar
politics	política
economics	economía
oats	avena
news	noticia
means	medios
alms	limosna
wages	sueldo
The news surprises me very much.	La noticia me sorprende mucho.

14. NOMBRES COMPUESTOS

En inglés es fácil y muy frecuente formar nombres compuestos. Se componen generalmente de:

a. Dos nombres

racehorse	caballo de carrera
toothpick	palillo

b. Gerundio más el nombre

swimming pool	piscina
sewing machine	máquina de coser

c. Nombre más adverbio o adjetivo

by-product	subproducto
grandparents	abuelos

d. Verbo más nombre o adverbio

pickpocket	carterista
checkup	examen general

e. Nombre más verbo más *-er* o *-ing*

bank teller	cajero de banco
shipbuilding	construcción de barcos

f. Expressiones comunes

son-in-law	yerno
forget-me-not	no me olvides

15. EL CASO POSESIVO

Para expresar posesión, el inglés puede usar una construcción similar al español:

a meeting of businesswomen	una reunión de mujeres de negocios

o el caso posesivo, el cual es mucho más idiomático y mucho más frecuente:

a businesswomen's meeting	una reunión de mujeres de negocios
a midsummer night's dream	un sueño de una noche de verano

1. El caso posesivo se forma generalmente por la adición de *-'s* después del nombre del poseedor:

a man's life	la vida de un hombre

2. A los nombres en plural se les añade solamente un apóstrofe al final:

the duchesses' daughters	las hijas de las duquesas
the girls' dresses	los vestidos de las muchachas

3. A los nombres en plural que no terminan en *s*, a los nombres en singular y a los nombres propios de una sílaba que terminan en *s*, se les añade el apóstrofe y otra *s*:

the countess's fan	el abanico de la condesa
Carlos's hat	el sombrero de Carlos

| *Agnes's coat* | el abrigo de Agnes |
| *the children's toys* | los juguetes de los niños |

4. El apóstrofe se omite frecuentemente con los nombres de organizaciones, edificios, etc., en los que la idea de posesión es clara.

| *Peoples Savings Bank* | Banco de ahorros del pueblo |

5. El caso posesivo también se usa frecuentemente en algunas construcciones idiomáticas:

| *a friend of my mother's* | una amiga de mi madre |

16. EL ADJETIVO

1. En inglés el adjetivo es siempre invariable. Nunca cambia de género o número:

a good boy	un muchacho bueno
a good girl	una muchacha buena
some good boys	unos muchachos buenos
some good girls	unas muchachas buenas

2. En inglés, el adjetivo casi siempre precede al nombre que modifica:

| *a white book* | un libro blanco |
| *fresh eggs* | huevos frescos |

3. Lo mismo que con los nombres, es posible formar muchos adjetivos compuestos en inglés.

a. Añadiendo otro adjetivo o un nombre:

dark blue	azul oscuro
light green	verde claro
seasick	mareado

b. Añadiendo un gerundio a un nombre, un adjetivo o un adverbio:

pleasure-loving	amante del placer
good-looking	guapo (bien parecido)
hardworking	trabajador

c. Añadiendo un participio pasado a un nombre, un adjetivo o un adverbio:

red-painted	pintado de rojo
horse-drawn	tirado por caballos
well-lit	bien iluminado

d. Añadiendo a un nombre o a un adjetivo un nombre más el sufijo *-ed:*

fair-haired	de pelo rubio
lionhearted	corazón de león

e. En diferentes formas:

a well-to-do person	una persona acomodada
a would-be champion	un futuro campeón

17. GRADOS DE COMPARACIÓN

I. DE IGUALDAD

a. afirmativo: *as. . . . as . . .*

She is as tall as her brother.	Ella es tan alta como su hermano.

b. negativo: *not as . . . as . . .*

Jane is not as pretty as her sister.	Jane no es tan bonita como su hermana.

2. DE SUPERIORIDAD

a. A los adjetivos cortos se añade *-er:*

Peter is older than John.	Peter es mayor que John.

b. Con los adjetivos largos se usa el adverbio *more,* que significa "más", delante del adjetivo:

He's more intelligent than he looks.	Es más inteligente de lo que parece.

3. De inferioridad

Se forma poniendo el adverbio *less*, que significa "menos", delante de cualquier adjetivo.

This book is less interesting than that one.	Este libro es menos interesante que ese otro.

Sin embargo la forma *not as . . . as* se usa con más frecuencia.

4. Superlativo

a. A los adjetivos cortos se les añade *-est:*

This is the easiest thing to do.	Esto es la cosa más fácil de hacer.

b. Con los adjetivos largos se usa la palabra o adverbio *most* delante del adjetivo:

Take the most comfortable chair.	Tome la silla más cómoda.

c. Superlativo de inferioridad: Se pone el adverbio *least,* que significa "menos", delante del adjetivo:

This exercise is the least difficult of all.	Este ejercicio es el menos difícil de todos.

d. Observe que el comparativo se usa en lugar del superlativo cuando la comparación es solamente entre dos objetos o personas:

Robert is the nicer of the two brothers.	Roberto es el más simpático de los dos hermanos.

5. Comparativos y superlativos irregulares más comunes:

good	*better*	*the best*	bueno	mejor	lo mejor
bad	*worse*	*the worst*	malo	peor	lo peor
little	*less*	*the least*	poco	menos	lo menos

much	more	the most	mucho	más	lo más
many	more	the most	muchos	más	lo más

6. Algunos usos idiomáticos del comparativo y el superlativo:

a. Superlativo absoluto

This tool is most useful.	Este instrumento es de lo más útil.
She is the most beautiful girl in town.	Es la muchacha más hermosa de la ciudad.

b. Más y más; menos y menos

The days are getting shorter and shorter.	Los días se están haciendo más y más cortos.

c. Cuanto más . . . más; cuanto menos . . . menos . . .

The more you get to know him, the more you like him.	Cuanto más lo trate, más le agradará.

d. Prefiero . . . que; mejor . . .

I'd rather play than work.	Prefiero jugar que trabajar.
I'd better do it now.	Mejor hacerlo ahora.

18. PRONOMBRES PERSONALES

I. Pronombres de sujeto:

I	yo
you	tú, usted
he	él
she	ella
it	ello

we	nosotros, nosotras
you	vosotros, vosotras, ustedes
they	ellos, ellas

Observe que los pronombres de sujeto nunca se omiten en inglés.

They spoke.	Hablaron.
He says he'll come.	Dice que vendrá.

2. Pronombres de complemento directo y de complemento indirecto:

a. En inglés, hay solamente una forma que se usa para el complemento directo y el indirecto, así como para el pronombre que se usa después de una preposición.

me	me, mí
you	te, ti; le, usted
him	lo, le, él
her	la, le, ella
it	lo, la, ello
us	nos, nosotros, nosotras
you	os, vosotros, vosotras; les, ustedes
them	los, las, les, ellos, ellas

b. El pronombre personal de complemento directo siempre se pone después del verbo, nunca antes.

I see them.	Los veo.
I wrote it in my address book.	Lo escribí en mi libro de direcciones.

c. El pronombre de complemento indirecto va casi siempre precedido de la preposición *to*.

He said it to me.	Me lo dijo.
We spoke to him.	Hablamos con él.

Pero después de algunos verbos como *to tell* (contar), *to show* (mostrar), *to teach* (enseñar), *to give* (dar), *to promise* (prometer), etc., el complemento sigue sin ninguna preposición.

He told me his troubles.	Me contó sus problemas.
He gave her a ring.	Le dió un anillo a ella.

3. Pronombres reflexivos:

myself	me
yourself	te; se
himself	se
herself	se
itself	se
oneself	se
ourselves	nos
yourselves	os; se
themselves	se
Can you wash yourself?	¿Puede usted lavarse?

Los pronombres reflexivos no se usan tan a menudo en inglés como en español.

I forgot.	Se me olvidó.

4. Pronombres recíprocos *EACH OTHER* y *ONE ANOTHER*:

a. *Each other* se usa solamente cuando se refiere a dos personas.

They love each other.	Se aman.

b. *One another* se usa cuando se refiere a dos o más personas.

The boys quarreled with one another.	Los muchachos se pelearon.

19. PRONOMBRES RELATIVOS

	Sujeto	Complemento	Posesión
Personas	*who, that* (quien, que)	*who(m), that* (a quien)	*whose* (de quien, cuyo)
Objetos	*which, that* (que)	*which, that* (que, el cual)	*whose* (de quien, cuyo)

1. *Which* se usa también para indicar una alternativa, cuando se puede escoger entre dos o más cosas. Se traduce en español como "cual", o "que".

He does not know which of the games he prefers.	No sabe cuál de los juegos prefiere.

2. *That* puede tomar el lugar de *who, whom,* or *which.* Sin embargo, se usa siempre después de un superlativo.

This is the last letter that he wrote.	Ésta es la última carta que él escribió.

3. *What* se traduce en español como "lo que" o "la que".

That was what I told you.	Eso fue lo que te dije.

4. El pronombre relativo que hace oficio de complemento a menudo se omite.

The man (whom) I saw is a farmer.

El hombre a quien vi es un agricultor.

The pen (that) I use is not mine.

La pluma que uso no es la mía.

Sin embargo, si el pronombre relativo está precedido de una preposición, la preposición no se omite; en lugar de eso, se pone después del verbo.

This is the person to whom I spoke./This is the person I spoke to.

Ésta es la persona con quien hablé.

20. PRONOMBRES Y ADJETIVOS INTERROGATIVOS

Todos los pronombres relativos excepto *that* pueden usarse como interrogativos.

who	quién
whom	a quién
whose	de quién
which	cuál
what	qué

Which is your book?

¿Cuál es su libro?

Who is this man?

¿Quién es este hombre?

Observe que las palabras interrogativas no van precedidas de un signo de interrogación como en español.

21. ADJETIVOS Y PRONOMBRES DEMOSTRATIVOS

1. *this*: este, esta; esto; *that*: ese, esa, aquel, aquella, aquello

this	este, esta, esto
these	estos, estas; éstos, éstas
that	ese, esa, aquel, aquella, aquello
those	esos, esas, aquellos, aquellas, ésos, ésas, aquellos, aquellas
this one	éste, ésta
that one	ése, ésa, aquel, aquella

this lady who just came	esta señora que acabó de llegar
that gentleman who arrived last month	aquel señor que llegó el mes pasado
I have two typewriters, but this one does not work.	Tengo dos máquinas de escribir, pero ésta no funciona.

2. Cuando se habla de dos grupos de personas o cosas, el inglés escrito usa las expresiones *the former . . . the latter* con preferencia a *this one . . . that one*. Observe que *the latter* se traduce como "éste" y *the former* como "aquél".

The ambassador and his secretary just arrived; the former is old and the latter is young.	Acaban de llegar el embajador y su secretario; éste es joven y aquél es viejo.

22. ADJETIVOS Y PRONOMBRES POSESIVOS

I. Adjetivos posesivos:

my	mi, mis
your	tu, tus; su, sus
his	su, sus
her	su, sus
its	su, sus
our	nuestro, nuestra; nuestros, nuestras
your	vuestro, vuestra; vuestros, vuestras; su, sus
their	su, sus

Al contrario del español, el adjetivo posesivo concuerda con el poseedor y no con la cosa poseída.

He went to the country with his wife.	Fue al campo con su esposa.
The little girl is playing with her brother and sister.	La niña está jugando con su hermano y con su hermana.

2. Pronombres posesivos:

mine	el mío, la mía, los míos, las mías
yours	el tuyo, la tuya, los tuyos, las tuyas; el suyo, la suya, etc.

his	el suyo, la suya, los suyos, las suyas
hers	el suyo, la suya, los suyos, las suyas
its	el suyo, la suya, los suyos, las suyas
ours	el nuestro, la nuestra, los nuestros, las nuestras
yours	el vuestro, la vuestra, los vuestros, etc.; el suyo (de usted), etc.
theirs	el suyo, etc.

Los pronombres posesivos siguen las mismas reglas de los adjetivos posesivos:

This book is his.	Este libro es el suyo (de él).
This little boy is hers.	Este niño es el suyo (de ella).

3. En inglés siempre se usan los adjetivos posesivos para partes del cuerpo u objetos de vestir, aunque en español se usa el artículo definido:

My feet hurt.	Me duelen los pies.
He took off his hat.	Se quitó el sombrero.

4. Uso idiomático de los pronombres posesivos:

a friend of mine	un amigo mío

23. ADJETIVOS Y PRONOMBRES INDEFINIDOS

all	todos
such	tal
each	cada
several	varios
some	unos, algunos
something	algo
somebody, someone	alguien
any	algún, alguno; alguien; cualquiera
anything	algo
anybody, anyone	alguien
none	nada, nadie
nothing	nada
nobody	nadie
little	poco
a little	un poco
few	pocos
a few	algunos
a lot (of)	mucho
many	muchos

other, another	otro
whatever	cualquier
whoever	quienquiera
wherever	dondequiera
whenever	cuando quiera
whole	entero

24. ORACIONES NEGATIVAS

Para hacer una oración negativa, en inglés se usa el auxiliar *do (I do, he does, she does, I did, he did)* en combinación con la palabra *not* excepto con el verbo *to be* y los verbos defectivos:

a. El verbo no cambia.

He is here.	Está aquí.
He is not here.	No está aquí.
You must.	Usted debe.
You must not.	Usted no debe.

b. Después de *does* y *did*, el verbo toma la forma del infinitivo.

He works.	Él trabaja.
He doesn't work.	Él no trabaja.
He went.	Él fue.
He did not go.	Él no fue.

c. En los tiempos compuestos se usa solamente *not* y se pone entre el auxiliar y el verbo.

We have seen him.	Lo hemos visto.
We have not seen him.	No lo hemos visto.
I'll come.	Vendré.
I won't come.	No vendré.

d. En una oración en que aparezca una negación, no se usa la palabra *not* ni el auxiliar *do*.

She never went to school.	Ella nunca fue a la escuela.
Nobody said anything.	Nadie dijo nada.

e. Note que cuando la negación está después del verbo y antes de un nombre, se usa *no* en lugar de *not* y sin *do*.

I have no time.	No tengo tiempo.

25. ORACIONES INTERROGATIVAS

Como en las oraciones negativas, el auxiliar *do* se usa excepto en el caso en que otros auxiliares aparecen o con los verbos defectivos:

She eats.	Ella come.
Does she eat?	¿Come ella?

1. El orden de la oración se invierte; el verbo está antes del sujeto:

They are all hungry.	Todos tienen hambre.
Are they all hungry?	¿Tienen todos hambre?
I have made a mistake.	Me he equivocado.
Have I made a mistake?	¿Me he equivocado?
You can go.	Usted puede ir.
Can you go?	¿Puede usted ir?

2. Cuando la oración está precedida del auxiliar *do*, *does*, o *did*, el orden de la oración se mantiene igual y el verbo toma la forma del infinitivo, pero sin el *to*.

He speaks English.	Él habla inglés.
Does he speak English?	¿Habla él inglés?
The baby fell.	El bebé se cayó.
Did the baby fall?	¿Se cayó el bebé?

Nota: *Do* también se usa cuando se quiere dar énfasis a una idea.

I want to go.	Deseo ir.
I do want to go.	Quiero ir.

26. LOS ADVERBIOS

1. A la terminación adverbial del español "-mente", le corresponde la terminación o sufijo inglés *-ly*.

exclusively	exclusivamente

2. Los adverbios tienen grados de comparación igual que los adjetivos.

cheerfully	alegremente
more cheerfully	más alegremente
less cheerfully	menos alegremente

3. Los adverbios se colocan generalmente antes de la palabra que modifican y jamás entre el verbo y el complemento directo. Es muy difícil dar reglas sobre el lugar que debe ocupar el adverbio en la oración inglesa, ya que varía de acuerdo con el adverbio y el sentido que usted quiere darle a la idea que desea expresar. Sin embargo, recuerde:

a. Los adverbios definidos y las expresiones de tiempo (mañana, el miércoles, etc.) generalmente se ponen al final de la oración.

I saw him on Thursday.	Lo vi el jueves.
He is leaving for Denver tomorrow.	Sale para Denver mañana.

b. Los adverbios indefinidos de tiempo (a menudo, nunca, etc.) se colocan normalmente antes o después del verbo principal.

He is always late for his lesson.	Él siempre llega tarde para su lección.
I rarely talk to him.	Raramente hablo con él.

c. Cuando se usa un auxiliar, el adverbio se pone antes del verbo principal.

We do not often eat at the cafeteria.	No comemos con frecuencia en la cafetería.

d. Los adverbios de lugar generalmente se colocan al final de la oración.

It is very pleasant to live outdoors.   Es muy agradable vivir al aire libre.

e. Algunos adverbios de modo generalmente se colocan antes del verbo. Los más comunes son *almost* (casi), *also* (también), *quite* (completamente), *nearly* (casi), y *hardly* (apenas).

4. Algunos de los adverbios de tiempo más comunes:

today	hoy
yesterday	ayer
tomorrow	mañana
early	temprano
late	tarde
often	a menudo
rarely, seldom	raramente
always	siempre
never	nunca
ever	jamás
before	antes
afterwards	después
now	ahora
then	entonces
at once	inmediatamente

next	luego, próximo
still	todavía
yet	aún

5. Algunos de los adverbios de lugar más comunes:

here	aquí
there	allí
in front of	delante de
behind	detrás
under	debajo
above	encima
up	arriba
down	abajo
inside	dentro
outside	fuera
near	cerca
far	lejos
away	lejos, a lo lejos
over	encima
beyond	más allá, más lejos

6. Algunos de los adverbios de cantidad más comunes:

very	muy
little	poco
more	más
less	menos
so	tan
too	también
as	como
quite	completamente
hardly	apenas
enough	bastante
rather	más bien
almost	casi
besides	además
else	además

7. Algunos adverbios de afirmación y de negación:

yes	sí
indeed	de veras
truly	verdaderamente

perhaps, maybe	tal vez
certainly	ciertamente
of course	naturalmente, por supuesto
no	no
nor	ni
neither	tampoco

27. PREPOSICIONES

1. Las preposiciones en inglés son muy importantes, ya que algunas veces cambian el sentido de una oración entera:

He went up the stairs.	Subió por la escalera.
He went down the stairs.	Bajó por la escalera.

2. A menudo las preposiciones se usan en formas idiomáticas especiales y ciertas palabras se usan frecuentemente con preposiciones especiales; no hay reglas definitivas para indicar cuál se debe usar y la única manera de aprender estas expresiones correctamente es memorizando la palabra que va en combinación con la preposición que generalmente acompaña a ésta. Ejemplos:

to be in love with	estar enamorado de
by air mail	por correo aéreo
good to eat	bueno para comer

3. Algunas preposiciones comúnmente usadas: (Observe que a una preposición en español a menudo corresponden varias en inglés. La traducción es solamente aproximada.)

at, to	a
in, into, within, inside	en

out, out of, outside	fuera
on, upon, over	sobre
over, above	encima de
under, below	debajo de
between, among	entre
before, in front of	ante, delante de, enfrente de
behind, in back of	detrás de
up	arriba
down	abajo
by, near, close to, beside	al lado de
against	contra
along	a lo largo de
about	acerca de
around	alrededor de
from	desde
of	de
through, across	por
by, for	por
with	con
without	sin
except, save	excepto

for, in order to	para
in spite of	a pesar de
like	como

28. CONJUNCIONES

1. Algunas de las conjunciones más comunes:

and	y, e
or	o, u
but	pero, sino, mas
that	que
as	cuando, como, puesto que
since	puesto que
if, whether	si
why	por qué
because	porque
yet, still, however	sin embargo
then	entonces
therefore	por lo tanto
while	mientras
as soon as	tan pronto como
unless	a menos que

till, until	hasta que
since	puesto que, como
before	antes que
provided that, so that	con tal que
though	aunque, si bien

2. Observe que:

a. La palabra *that* puede omitirse en la oración.

I know (that) you are right.   Yo sé que usted tiene razón.

b. *When, while, as soon as, before, until,* y *unless* van generalmente seguidas del presente o del pasado de indicativo.

I'll tell her when she comes.   Se lo diré a ella cuando venga.

c. *If* y *whether* significan "si", pero *if* se usa para indicar una condición, mientras que *whether* tiene sentido interrogativo.

I'll go out if the weather is fine.   Saldré si hace buen tiempo.

I wonder whether he'll go out today.   Me pregunto si él saldrá hoy.

29. FORMACIÓN DE LOS TIEMPOS DEL VERBO

Los verbos ingleses están divididos en dos clases: verbos regulares y verbos irregulares. Son mucho más fáciles que los verbos en español y se pueden usar fácilmente, aprendiendo de memoria algunas formas:

1. Un verbo regular pasa solamente por tres cambios del infinitivo:

a. Se añade *-s* o *-es* a la tercera persona singular del presente del indicativo:

I love   yo amo

you love   tu amas

he loves	él ama
she washes	ella lava
it looks	parece

Los verbos que terminan en *-y* cambian *-y* por *-ies:*

| I try, he tries | yo trato, él trata |

b. Se añade *-d* o *-ed* al infinitivo para formar el pasado simple (el pretérito):

he loved	él amó
she washed	ella lavó
it looked	pareció

Cuando las últimas tres letras son una vocal entre dos consonantes, algunos verbos repiten la consonante final antes de añadir *-ed:*

| they stop, they stopped | ellos se paran, ellos se pararon |

c. *-d* o *-ed* se añaden también al infinitivo para formar el participio pasado:

he has loved	él ha amado
she has washed	ella ha lavado
it has looked	ha parecido

2. Los tiempos compuestos se forman con el auxiliar *to have* y además con *will* para el futuro compuesto o perfecto.

a. *I have, he has,* etc., se usan para formar el preténto perfecto:

| We have not visited him. | No lo hemos visitado. |
| He has arrived. | Él ha llegado. |

b. *I had, he had,* etc., se usan para formar el pluscuamperfecto:

| They had already stopped. | Ya habían parado. |

c. *Will* se usa con el infinitivo para formar el futuro simple.

I will meet him at eight o'clock.	Lo encontraré a las ocho.
She will come this afternoon.	Ella vendrá esta tarde.

Will se puede usar también para expresar determinación.

We will learn our English lesson.	Aprenderemos nuestra lección de inglés.
I will meet him at eight o'clock.	Me reuniré con él a las ocho.
He will come this afternoon.	Vendrá esta tarde.

d. *Would* se usa con el infinitivo para formar el condicional.

I would not like to do that.	No me gustaría hacer eso.
He would need a passport to go to Europe.	Necesitaría un pasaporte para ir a Europa.

e. *Will have* y *would have* con el participio pasado forman el futuro perfecto y el condicional perfecto respectivamente:

I will have arrived when he comes.	Habré llegado cuando él venga.
They would have liked to come to the party.	A ellos les habría gustado ir a la fiesta.

3. Los verbos irregulares pueden tener distintas formas en su pasado simple (pretérito) y su participio pasado. Ya que hay muchos verbos irregulares entre los que más se usan, resulta una buena práctica estudiar los tres tiempos a la vez.

30. LOS TIEMPOS DEL VERBO

1. EL *PRESENT*

El *present* en inglés corresponde al presente en español. Indica una acción en general o algo que acostumbra a suceder. Para describir una acción que ocurre solamente en el momento presente, se usa la forma progresiva. (Véase p. 278.)

Children go to school.	Los niños van a la escuela.
He usually eats lunch at one o'clock.	Generalmente él almuerza a la una.

2. EL *SIMPLE PAST*

El simple *past* (o pasado simple) corresponde al pretérito del español. Expresa una acción que sucedió en un tiempo definido y terminó en el pasado.

I saw him yesterday.	Lo vi ayer.

3. EL *PRESENT PERFECT*

El *present perfect* generalmente corresponde al pretérito perfecto del español. Indica una acción que sucedió en un tiempo indefinido del pasado o que aún no ha terminado o que se ha repetido.

Have you visited Mexico?	¿Ha estado usted en México?
She has worked here since December.	Ella ha trabajado aquí desde diciembre.
I have read the paper twice.	He leído el periódico dos veces.

4. EL *PAST PERFECT*

El *past perfect* (o presente perfecto) describe una acción que ha tenido lugar antes de cierto tiempo en el pasado y se usa siempre junto con otro tiempo pasado que aparece expresado o que se infiere. Corresponde al pluscuamperfecto del español.

He had already left when I called.	Él ya había salido cuando llamé.

5. EL *FUTURE*

El *future* se usa en la misma forma que el futuro en español. Sin embargo, para describir una acción en el futuro generalmente se prefiere la forma *to be going to* seguida del infinitivo. El futuro simple se usa para mostrar determinación o promesa.

I will study my lesson for the next class.	Estudiaré mi lección para la próxima clase.

Pero:

I am going to see a movie tonight.	Voy a ver una película esta noche.
I am going to take a bath.	Voy a bañarme.

En inglés, el futuro se usa con más frecuencia que en español.

I'll see him tomorrow.   Lo veo mañana.

Pero en el inglés hablado, al igual que en el español, se puede usar el presente con una expresión de tiempo para indicar el futuro próximo.

I leave this evening.   Salgo esta noche.

She arrives tomorrow.   Ella llega mañana.

6. EL *FUTURE PERFECT*

Se usa para describir una acción que en un momento dado de un tiempo futuro se considerará una acción pasada. Corresponde al futuro perfecto del español.

They will have arrived by then.   Habrán llegado entonces.

7. EL *PRESENT CONDITIONAL*

Se traduce al condicional del español y expresa un hecho potencial o irreal, pero se usa en forma distinta en las construcciones en que se requiere *if*.

I would like to take a trip this summer.   Me gustaría hacer un viaje este verano.

8. EL *PAST CONDITIONAL*

Tiene el mismo sentido del *present conditional*, pero con la acción en el pasado.

I would have liked to take a trip last summer.   Me habría gustado hacer un viaje el verano pasado.

31. EL SUBJUNCTIVE

1. El subjuntivo se usa rara vez en inglés. No tiene una forma propia, pero se forma de la siguiente manera:

a. Presente: La forma del infinitivo se usa para todas las personas; así podrá notar que la tercera persona no toma una *-s* o *-es* como en el indicativo.

I suggest that he go.   Sugiero que se vaya.

b. Pasado: La forma plural del pretérito se usa para todas las personas.

if I were you   si yo fuera usted

c. Tiempos compuestos: *May, might, should,* y *would* se usan delante del infinitivo.

if he should come   si viniera él

2. El subjuntivo debe usarse

a. para expresar deseos:

God save the Queen!	¡Qué Dios salve a la reina!
come what may	venga lo que venga

b. Después del verbo *to wish* (desear) para expresar una situación irreal (ojalá que . . .) o una orden cortés.

I wish I were home.	Quisiera estar en casa./Ojalá que estuviera en casa.
I wish the children would be quiet.	Quisiera que los niños se callaran.

c. Después de ciertos verbos y expresiones como:

to suggest	sugerir
to recommend	recomendar
to demand	exigir
to insist	insistir
to propose	proponer
to be essential	ser esencial
to be imperative	ser imperativo
He suggested that she come back.	Sugirió que regresara.
It is essential that this be done at once.	Es esencial que esto sea hecho al instante.

32. EL IMPERATIVO

1. Para la segunda persona se usa el infinitivo sin pronombre:

Open the door!	¡Abra/e la puerta!
Don't shut the window!	¡No cierre/s la ventana!
Be quiet!	¡Cállate!/¡Cállese!

2. La tercera persona y la primera persona del plural del imperativo se forman con el verbo *to let*.

Let him do it!	¡Que lo haga él!
Don't let them go!	¡No deje que se vayan!/¡Que no se vayan!
Let's go!	¡Vamos!/¡Vámonos!

3. Otras formas delicadas de dar órdenes son las expresiones:

I wish you would . . .	Me gustaría que . . .
Would you mind . . . ?	¿Le importaría . . . ?
I wish you would not make so much noise.	Me gustaría que no hicieras tanto ruido.
Would you mind closing the window?	¿Le importaría cerrar la ventana?

33. EL INFINITIVO

1. El infinitivo en inglés generalmente está precedido de la palabra *to:*

She wants to sing.	Ella quiere cantar.

2. El infinitivo no está precedido de *to* cuando sigue a un verbo conjugado o después de ciertos verbos como: *to make* (hacer), *to let* (permitir), *to see* (ver), *to hear* (oír), etc.

The baby cannot walk yet.	El bebé no puede caminar todavía.
He made her cry.	La hizo llorar.

3. Después de verbos que expresan un mandato, un deseo, una opinión, una preferencia, etc., cuando se usa el subjuntivo en español, en inglés se usa generalmente el infinitivo:

Her mother doesn't want her   Su madre no quiere que ella salga.
to go out.

4. La forma del infinitivo perfecto (*to have* más el participio pasado) se usa para describir una acción que ha tenido lugar en un tiempo anterior al de la acción del verbo principal de la oración:

He is sorry to have made such a   Él siente mucho haber cometido una
big mistake.   equivocación tan grande.

5. El infinitivo no se usa después de las preposiciones, a excepción de la preposición *to*; en su lugar se usa el gerundio.

He is going to take a plane.   Él va a tomar un avión.

34. LA VOZ PASIVA

1. La voz pasiva se construye con el verbo *to be* más el participio pasado.

This letter was mailed by her.   La carta fue mandada por ella.

2. La voz pasiva en inglés se usa del mismo modo que en español, pero con mucha más frecuencia.

a. Puede usarse con verbos intransitivos seguidos de sus preposiciones acostumbradas:

The child spoke to the man.   El niño le habló al hombre.

The man was spoken to by the   El niño le habló al hombre.
child.

b. Algunos verbos, como *to teach* (enseñar), *to tell* (decir), *to show* (mostrar), y *to give* (dar), que se construyen sin preposiciones antes de los complementos, pueden tener dos construcciones pasivas:

The teacher gives the students   El maestro les da una tarea a los
some homework.   alumnos.

Some homework is given to the students by the teacher./The students are given some homework by the teacher.	Una tarea es dada a los alumunos por el maestro.

(La tercera forma no puede traducirse exactamente al español.)

c. Muy a menudo la voz pasiva en inglés traduce la forma reflexiva del español:

English is spoken here.	Aquí se habla español.

35. LA FORMA -*ING*

El gerundio y el participio presente tienen la misma forma: infinitivo (sin la *e* final) más -*ing*.

1. El gerundio es una especie de verbo substantivado que puede usarse como un nombre:

a. Después de todas las preposiciones; pero después de *to* se prefiere usar el infinitivo.

He left without saying good-bye.	Salió sin decir adiós.

b. Como complemento de algunos verbos: como *to avoid* (evitar), *to consider* (considerar), *to appreciate* (apreciar), *to finish* (terminar), *to dislike* (desagradar), etc.

I dislike rushing.	Me desagrada precipitarme.

c. Con muchos verbos pueden usarse el gerundio o el infinitivo:

They prefer taking their lessons at home.	Prefieren tomar sus lecciones en casa.
They prefer to take their lessons at home.	Prefieren tomar sus lecciones en casa.

d. El gerundio tiene una forma perfecta y una forma pasiva que se usan de la misma manera en que se usan las formas regulares perfecta y pasiva.

The assassin denied having committed the crime.	El asesino negó haber cometido el crimen.
The enemy admitted being defeated.	El enemigo reconoció que había sido derrotado.

e. El gerundio se emplea también como un nombre regular:

His heavy drinking made him lose his job.	Tomar demasiado hizo que perdiera su empleo.

2. EL *PRESENT PARTICIPLE*

a. En inglés se usa el *present participle* en lugar del participio pasado en español para aquellos verbos que describen una actitud:

She is lying on her bed.	Está acostada en la cama.

b. En combinación con el verbo *to be* sirve para formar la forma progresiva. Esta forma se usa para describir una acción que tiene lugar solamente en el presente:

He is writing a letter.	Está escribiendo una carta.

(Esta forma equivale a la forma progresiva presente (o continua presente) del español, pero se usa con mucha más frecuencia en inglés.)

c. La forma progresiva (o continua) se usa también en los otros tiempos: se forma con los distintos tiempos del verbo *to be* y el participio presente. Describe una acción que tiene lugar en un momento especial:

I was cleaning the house when my guests arrived.	Estaba limpiando la casa cuando llegaron mis invitados.
My friend will be looking for you.	Mi amigo lo buscará. (Mi amigo lo estará buscando.)

La forma progresiva (o continua) que se usa en el pasado se traduce como el imperfecto del español:

| The children were playing in the garden. | Los niños jugaban en el jardín./Los niños estaban jugando en el jardín. |

d. La forma progresiva puede tener también una construcción pasiva:

| A monument is being built. | Se construye un monumento. |

36. CONDICIONES

I. Lo mismo que en español, la oración condicional consiste en dos partes: la condición (o la cláusula con *if*) y su consecuencia. La mayoría de las condiciones caen dentro de tres formas.

a. Futuro, que indica una posibilidad (se usa el presente después de *if* y el futuro en la consecuencia):

| If he is in town, he'll call you. | Si está en la ciudad, le llamará. |

b. El condicional simple indica irrealidad en el presente (después de *if* se usa la forma plural del pretérito).

| If he were in town, he'd call you. | Si estuviera en la ciudad, le llamaría. |

c. El condicional perfecto indica irrealidad en el pasado (después de *if* se usa el pluscuamperfecto del indicativo).

| If he had been in town, he would have called you. | Si él hubiera estado en la ciudad, la habría llamado. |

37. VERBOS DEFECTIVOS

Los verbos defectivos son aquellos que carecen de ciertas personas o de ciertos tiempos; es decir, son verbos incompletos.

I. Los tiempos que no existen en estos verbos se sustituyen por verbos equivalentes. Su conjugación y construcción son diferentes a las de los otros verbos.

a. Nunca llevan una *s* en la tercera persona singular.

He must.   Él debe.

b. Nunca se usan con *do* o cualquier otro auxiliar.

I can't come.   No puedo venir.

c. Nunca están seguidos de *to* (excepto *ought to*).

I may fly to Madrid.   Puede que yo vaya a Madrid en
                              avión.

d. Su pretérito tiene también un significado condicional.

It might rain tomorrow.   Tal vez llueva mañana.

e. Su complemento es siempre un verbo, jamás un nombre o un pronombre.

I will have this cake.   Tomaré esta torta.

f. *Will* y *would* se usan también como auxiliares para formar el futuro y el condicional.

2. Los verbos defectivos son:

Verbo defectivo	Significado	Sustituto
can, could	poder	*to be able to*
may, might	tener permiso, ser posible	*to be allowed to*
must	deber	*to have to*
will, would	querer	*to want to*
shall, should	deber	*to have to, to be obliged to*
ought to	tener obligación	*to be obliged to*

38. USOS IDIOMÁTICOS DE ALGUNOS DE LOS VERBOS MÁS COMUNES

El significado de un verbo cambia con la preposición que le sigue. Cuando usted busque el significado de un verbo en el diccionario, no deje de fijarse en la preposición que le acompaña. A continuación veremos algunos ejemplos.

1. *TO DO* (HACER):

to do with	tratar, entenderse
to do without	pasarse sin
to do over, to do again	rehacer o volver a hacer

2. *TO MAKE* (HACER):

to make out	entender
to make up	componer, inventar, reconciliarse

3. *TO GET* (OBTENER):

to get up	levantarse
to get down	bajar
to get along	llevarse bien
to get away	irse
to get back	regresar
to get off, to get out	apearse, bajarse, salirse
to get over	recuperarse
to get through	penetrar, pasar

4. *TO GO* (IR):

to go about	emprender, empezar algo
to go after	seguir a, ir tras de
to go away	marcharse
to go back	volver
to go backward	retroceder
to go by	pasar cerca
to go in	entrar

to go on	continuar
to go out	salir
to go up	subir
to go down	bajar
to go with	acompañar

5. *TO TAKE* (TOMAR):

to take back	devolver
to take down	bajar
to take from	quitar de
to take out	sacar
to take off	despegar
to take up	abordar

6. Para otras construcciones idiomáticas de los verbos, busque en el diccionario.

39. CONJUGACIÓN DE UN VERBO REGULAR

to love (amar):

1. *PRESENT*

I love	yo amo
you love	tú amas, usted ama
he loves	él ama
she loves	ella ama
it loves	ama
we love	nosotros (nosotras) amamos

you love	vosotros (vosotras) amáis, ustedes aman
they love	ellos (ellas) aman

2. PAST

I loved	yo amé
you loved	tú amaste, usted amó
he loved, etc.	él amó, etc.

3. PRESENT PERFECT

I have loved	yo he amado
you have loved	tú has amado, usted ha amado
he has loved, etc.	él ha amado, etc.

4. PAST PERFECT

I had loved	yo había amado
you had loved, etc.	tú habías amado, usted había amado, etc.

5. FUTURE

I *will love*	yo amaré
you will love, etc.	tú amarás, usted amará, etc.

6. FUTURE PERFECT

I *will have loved*	yo habré amado
you will have loved, etc.	tú habrás amado, usted habrá amado, etc.

7. PRESENT CONDITIONAL

I *would love*	yo amaría
you would love, etc.	tú amarías, usted amaría, etc.

8. PAST CONDITIONAL

I *would have loved*	yo habría amado
you would have loved, etc.	tú habrías amado, usted habría amado, etc.

9. PRESENT SUBJUNCTIVE

I love	yo ame
you love	tú ames, usted ame
he love	él ame, etc.

10. PAST SUBJUNCTIVE

I loved	yo amara o amase
he loved	él amara o amase

11. IMPERATIVE

love	ame
let him love	que ame
let's love	amemos

12. INFINITIVE

to love	amar
to have loved	haber amado

13. *PROGRESSIVE FORM*

I am loving	estoy amando
I was loving	estaba amando
I have been loving	he estado amando
I will be loving	estaré amando
I would be loving	estaría amando
I am being loved	estoy siendo amado, amada
I was being loved	estaba siendo amado, amada

14. *PASSIVE FORM*

I am loved	soy amado, amada
I was loved	fui amado, amada
I have been loved	he sido amado, amada
I will be loved	seré amado, amada
I would be loved	sería amado, amada

40. LOS VERBOS IRREGULARES MÁS COMUNES

Present	Past	Past participle	Significado
to bear	*bore*	*borne*	soportar, sufrir
to beat	*beat*	*beaten*	pegar

to become	became	become	hacerse
to begin	began	begun	empezar
to bend	bent	bent	doblar
to bet	bet	bet	apostar
to bind	bound	bound	unir
to bite	bit	bitten	morder
to bleed	bled	bled	sangrar
to blow	blew	blown	soplar
to bring	brought	brought	traer
to build	built	built	construir
to burst	burst	burst	estallar
to cast	cast	cast	tirar
to catch	caught	caught	agarrar, coger
to choose	chose	chosen	elegir
to come	came	come	venir
to cost	cost	cost	costar
to cut	cut	cut	cortar
to deal	dealt	dealt	tratar
to dig	dug	dug	cavar
to do	did	done	hacer
to draw	drew	drawn	arrastrar

to drink	drank	drunk	beber
to drive	drove	driven	conducir
to eat	ate	eaten	comer
to fall	fell	fallen	caer
to feed	fed	fed	alimentar
to feel	felt	felt	sentir
to fight	fought	fought	luchar
to find	found	found	encontrar
to fly	flew	flown	volar
to forget	forgot	forgotten	olvidar
to forgive	forgave	forgiven	perdonar
to freeze	froze	frozen	helar
to get	got	gotten	obtener
to give	gave	given	dar
to go	went	gone	ir
to grow	grew	grown	crecer
to hang	hung	hung	colgar
to have	had	had	tener, haber
to hear	heard	heard	oír
to hide	hid	hidden	esconder
to hit	hit	hit	golpear

to hold	held	held	tener, agarrar
to hurt	hurt	hurt	herir, doler
to keep	kept	kept	guardar
to know	knew	known	conocer, saber
to lay	laid	laid	poner
to lead	led	led	guiar
to leave	left	left	dejar
to lend	lent	lent	prestar
to let	let	let	permitir
to lie	lay	lain	acostarse
to lie	lied	lied	mentir
to lose	lost	lost	perder
to make	made	made	hacer
to mean	meant	meant	querer decir
to meet	met	met	encontrarse
to pay	paid	paid	pagar
to quit	quit	quit	dejar
to read	read	read	leer
to ride	rode	ridden	cabalgar, montar
to ring	rang	rung	sonar

to rise	rose	risen	subir
to run	ran	run	correr
to see	saw	seen	ver
to shake	shook	shaken	sacudir
to sell	sold	sold	vender
to send	sent	sent	enviar
to set	set	set	poner
to shine	shone	shone	brillar
to shoot	shot	shot	tirar, disparar
to show	showed	shown	mostrar
to shrink	shrank	shrunk	encogerse
to shut	shut	shut	cerrar
to sing	sang	sung	cantar
to sink	sank	sunk	hundir
to sit	sat	sat	sentarse
to sleep	slept	slept	dormir
to slide	slid	slid	resbalar
to speak	spoke	spoken	hablar
to spend	spent	spent	gastar
to split	split	split	hender
to spread	spread	spread	difundir

to stand	stood	stood	estar de pie, pararse
to steal	stole	stolen	robar
to stick	stuck	stuck	pegar, prender
to strike	struck	struck	golpear
to swear	swore	sworn	jurar
to sweep	swept	swept	barrer
to swim	swam	swum	nadar
to swing	swung	swung	columpiar
to take	took	taken	tomar
to teach	taught	taught	enseñar
to tear	tore	torn	romper, rasgar
to tell	told	told	decir, contar
to think	thought	thought	pensar
to throw	threw	thrown	echar, tirar, lanzar
to wear	wore	worn	llevar
to weep	wept	wept	llorar
to win	won	won	ganar
to write	wrote	written	escribir